Außerirdische Kommunikation

Telepathische Daten gesammelt 1958-61

von D. T. Elkins

Außerirdische Kommunikation

Telepathische Daten gesammelt 1958-61 von D. T. Elkins

Übersetzung: Jochen Blumenthal

ISBN: 978-3-945871-09-6

***Das Gesetz des Einen*-Verlag** (Deutschland)

Jochen Blumenthal

Bessemerstraße 82
10. OG Süd

12103 Berlin

E-Mail: kontakt@dasgesetzdeseinen.de

Web: www.dasgesetzdeseinen.de

Englische Originalausgabe

EXTRATERRESTRIAL COMMUNICATION

Saucerian Books, Clarksburg, West Virginia

Neu herausgegeben durch L/L Research

Copyright © 2008 L/L Research

Inhalt

Vorwort

Liebe Leserinnen und Leser,

in Ihren Händen halten Sie ein Dokument von historischer und vielleicht für Sie auch persönlicher Bedeutung.

Donald Tully Elkins, der unter anderem für einige Jahre als Professor für Physik und Ingenieurswissenschaften tätig war, veröffentlichte 1961 die vorliegende Sammlung „Extraterrestrial Communication". Sie enthält Botschaften, welche die „Detroiter Gruppe" von 1958 an empfangen hatte.

Die „Detroiter Gruppe" war im Umfeld der vielen außergewöhnlichen UFO-Ereignisse entstanden, die in den Vereinigten Staaten in den 40er und 50er Jahren verstärkt wahrgenommen wurden. Ihr Ziel, wie bei ähnlichen Gruppen, war es, auf Basis von Schilderungen von „UFO-Kontaktierten" zu versuchen, Kontakt zu außerirdischen Wesen aufzunehmen.

Die Bemühungen dieser Menschen standen und stehen nicht in einem herkömmlich religiösen Interesse, sondern entsprangen der Neugier an Paranormalität und der Existenz von außerirdischem, intelligentem Leben. Dieser etwas andere Ansatz wird vor allem durch Don Elkins Arbeit und Wirken deutlich, der diese Kontaktaufnahme als ein wissenschaftliches Experiment verstand und durchführte.

Nachdem Elkins in der „Detroiter Gruppe" die Methodik des „telepathischen Vokal-Channelings" lernte, begann er ab 1962 eine eigenständige Gruppe in Louisville (Kentucky), mit Studierenden aus seiner Physikklasse, die er einlud an diesem Experiment teilzunehmen. Aus dieser Gruppe ist L/L Research und in der Folge auch der *Das Gesetz des Einen*-Verlag (als Lizenzpartner-Verlag oder auch „Satellit") entstanden.

Auch wenn dieses Experiment vom streng rationalen Standpunkt aus wahrscheinlich kaum wissenschaftlich genannt werden könnte, weil es von Haus aus die Erforschung einer paranormalen Realität zum Ziel hat, bettete Don Elkins es in einen Rahmen ein, der nachvollziehbar und transparent dieses

Experiment, diesen Kontaktversuch, protokolliert und dokumentiert. Die Schlussfolgerungen aus den Ergebnissen hat er immer jedem und jeder Einzelnen überlassen, und dem schließen wir uns an.

Die Methodik des telepathischen Channelings, wie sie von der Detroiter Gruppe, Don Elkins und heute L(ove)/L(ight) Research verwendet wird und wurde, besteht kurz zusammengefasst in einer meditativen Einstimmung der Gruppe, anschließend der (inneren) Kontaktaufnahme mit einer oder mehrerer außerirdischer Bevölkerungen und dem Empfangen und Aussprechen von Botschaften – durch in diesem Moment zu „Instrumenten" gewordene Teilnehmer. Alle Sitzungen werden aufgenommen und anschließend transkribiert, sodass sie in schriftlicher Form zur Verfügung stehen.

„Außerirdische Kommunikation" stellt, für uns als Partnerverlag von L/L Research in besonderer Weise, den Startpunkt für dieses Experiment dar, welches in diesem Sinne 1958 begann und bis heute andauert. Herausgekommen sind für eine international wachsende Leserschaft bislang daraus vor allem zwei Dinge: eine immense Bibliothek an Botschaften und beantworteten Fragen einer ganzen Reihe von Wesen in anderen „Dichtestufen" – und die Gewissheit, dass – was auch immer das Geheimnis hinter diesem nun schon jahrzehntelang andauernden Kontakt und Austausch sein mag – er mitten in der Türschwelle zwischen unserem jetzigen und einem nächsthöheren Verständnis von Realität liegt; oder diese Türe, eine dieser Türen, sogar ist.

Dass Donald Tully Elkins sich mit 28 Jahren entschieden hat, diesen Kontakt für sich zu eröffnen, zu erforschen, zu erweitern und anderen Menschen zugänglich zu machen, dafür möchten wir ihm vom *Das Gesetz des Einen*-Verlag aus mit dieser Übersetzung danken. Und nicht nur ihm, sondern auch Carla L. Rückert (1943-2015) und Jim McCarty, die sein Experiment mit voller Kraft und vollem Herzen unterstützt haben, und dies im Fall von Jim McCarty immer noch tatkräftig tun.

Besondere internationale Bekanntheit im Schaffen von Don Elkins, Carla Rückert und Jim McCarty hat das The Ra Contact (in seiner deutschen Übersetzung *Der Ra-Kontakt: Das Gesetz des Einen lehren*) erreicht. In dem vierjährigen Kontakt (1981-1984) mit „Ra" sind 106 Channeling-Sitzungen entstanden, die in gewisser Weise die höchsten und feinsten Erkenntnisse und Erklärungen beinhalten, die im Laufe der Jahre von L(L Research empfangen wurden, da Carla Rückert als einziges Instrument in diesem Kontakt in tiefer Trance channelte und Ra, ausgedrückt in den kosmologischen Begriffen des Bündnisses, aus der sechsten Dichtestufe spricht, und nicht wie die anderen Bündniswesen aus der vierten oder fünften.

Die hier vorliegenden Botschaften sind also eine Art „Einstieg". Grundbegriffe werden zum ersten Mal erwähnt und bestimmte, immer noch neue Denkkonzepte angesprochen. Die Linien, die hier gelegt werden, finden ihre Fortsetzung in den zahlreichen später empfangenen Botschaften. Gerade das „Gesetz des Einen" mag für viele Menschen speziell und auf Anhieb zu schwierig zu verstehen erscheinen. „Außerirdische Kommunikation" kann in diesem Fall eventuell Abhilfe schaffen und einen leichteren und dennoch sehr inspirierenden Einstieg bieten.

Wir wünschen Ihnen viel Freude mit diesen Botschaften!

In Liebe und Licht

Jochen Blumenthal

(*Das Gesetz des Einen*-Verlag)

Einleitung von D. T. Elkins

Jeglicher Versuch, das Thema des telepathischen Channelings Personen mit wenig oder keinem Hintergrund in diesem generellen Bereich näherzubringen, wird, da bin ich mir sicher, Verwirrung zur Folge haben. Falls es der Leserin oder dem Leser in diesem Bereich an Wissen mangelt, kann sie bzw. er deshalb erwarten, von dem hier präsentierten Material etwas irritiert zu werden.

Dieses Buch war ursprünglich dafür gedacht, nur an Personen weitergegeben zu werden, die eng mit der "Fliegende-Untertassen"-Forschung vertraut sind. Jüngere Entwicklungen lassen jedoch vermuten, dass recht bald bei Vielen Interesse entstehen kann, die viele Jahre lang in völliger Ignoranz des Themas geblieben sind. Ich mache deshalb einen Versuch, einen kurzen Hintergrund der Forschung über "fliegende Untertassen" zu geben. Ich bin mir darüber im Klaren, dass jeglicher Versuch dieser Art den interessierten Novizen lediglich, und hoffentlich, auf [weitere][1] Quellen mit zusätzlichen Informationen verweisen kann.

Um den Anfang zu machen, lassen Sie uns die Einstellungen zweier bekannter Wissenschaftler betrachten, da, natürlich, ihre Arbeit am akzeptabelsten mit orthodoxem Denken in Verbindung steht. Prof. Donald H. Menzel von der Harvard University ist in seinem letzten Buch in der Lage gewesen, zu "beweisen", dass das ganze Phänomen der fliegenden Untertassen auf erklärbare Geschehnisse einer strikt irdischen Quelle zurückzuführen ist. Aimé Michel, ein renommierter französischer Wissenschaftler, hat, über jeglichen Zweifel erhaben, "beweisen" können, dass diese schwer fassbaren Untertassen Raumschiffe von anderen Planeten sind.

Ich würde empfehlen, dass die Werke beider dieser hoch orthodoxen Forscher von allen Interessierten in diesem Feld gelesen werden. Da ich das, was orthodoxe Techniken genannt werden könnte, vor langer Zeit als relativ fruchtlos in diesem einzigartigen Bereich aufgegeben habe, mag das Material,

---

[1] Wörter in eckigen Klammern sind Einfügungen des Übersetzers.

welches ich präsentiere, recht irritierend für alle, außer den "abgehärteten" Forschenden in diesem Feld, sein, das einen zur äußersten Verzweiflung bringen kann.

Es gibt, natürlich, viele andere Forscher, die "orthodoxe" Techniken verwenden, wie die U.S. Air Force und NICAP in Washington D.C.. Die jüngste offizielle Meinung der Air Force ist, dass "fliegende Untertassen nicht existieren". Die Einstellung von NICAP ist ziemlich genau das Gegenteil. Es gibt auch eine große Anzahl von Menschen, die behaupten, Kontakt mit "den Weltraum-Menschen" erlebt zu haben. Ich finde es recht schwierig, die Arbeiten von Dr. George Hunt Williamson und Anderen auszublenden, die sich bemüht haben, die Ergebnisse ihrer Kontakte auf eine so "wissenschaftlich" akzeptierte Weise darzustellen, wie möglich. Ich würde definitiv Williamsons "The Saucers speak" als die beste Quelle für eine Erklärung dafür empfehlen, wie der Übergang von Funkkontakten zu telepathischem Channeling gemacht wurde. Dies setzt, natürlich, voraus, dass Sie über Menzels Buch hinausgehen, das die Nichtexistenz dessen, was "die fliegende Untertasse" genannt wird, "beweist".

Vom Standpunkt all jener aus, die auf die fünf physischen Sinne begrenzt sind, muss "Beweis" immer mit diesen Sinnen kommunizieren. Es wird deshalb recht offensichtlich für diese Gruppe sein, dass meine Präsentation überhaupt keinen Beweis anbietet. Tatsächlich hat mein Ziel nichts mit dem zu tun, was gemeinhin Beweis genannt wird. Ich versuche einfach, interessierten Personen den Zugang zu einem weiteren Stück Datenmaterial zu ermöglichen.

Ich habe die präsentierten Daten in keiner Weise verändert. Aus diesem Grund kann der Text für diejenigen, die gerne direkt zum Kern vorstoßen würden, etwas umständlich wirken. Ich empfinde, jedoch, dass eine Bearbeitung von jeder dieser Kommunikationen den Wert des vorgestellten Materials reduzieren würde und möglicherweise zu fehlerhaften Schlussfolgerungen führen. Aus diesem Grund wurden die Kommunikationen exakt so abgedruckt wie empfangen. Die Gruppentreffen wurden in der Regel einmal pro Woche abgehalten und die durch den Mechanismus des telepathischen Channelings empfangenen Informationen auf Tonband aufgenommen. Der Inhalt dieses Textes sind einfach ausgewählte Abschriften des aufgenommenen Materials.

Botschaften, die sich hauptsächlich mit der Entwicklung der Kanäle beschäftigen, habe ich für die erste Hälfte des Textes ausgewählt. Es ist eine fast unmögliche Aufgabe zu erklären, was mit dem Kanal während seines Schulungsprogramms passiert. Obwohl es notwendig ist, dass die Person die Schulung oder Konditionierung freiwillig durchläuft, ist es nicht notwendig, dass sie auf irgendeine Weise an den sogenannten Weltraum-Kontakt glaubt oder Vertrauen in dessen Realität besitzt. Viele Vokal-Kanäle, die nun schnelle und zusammenhängende Nachrichten liefern, waren recht skeptisch und meldeten sich zumindest teilweise aus Neugierde. In jedem dieser Fälle werden die Nachrichten ohne eine Spur von gedanklicher Unterbrechung oder normalem Ausdrucksmangel wiedergegeben. Da die meisten Menschen, die als Kanäle agieren, in öffentlichem Sprechen völlig ungeschult sind, ist dies ein kleines Wunder an sich. Ich würde gern die Tatsache hervorheben, dass jedes Wort, das vom Bandrekorder aufgefangen wurde, ohne die kleinste Veränderung transkribiert wird. Selbst ein "orthodoxer" Forscher mag Schwierigkeiten dabei haben, die perfekte Kontinuität zu "erklären", wenn eine einzelne Nachricht selbst durch mehrere Individuen mit sehr unterschiedlichen Hintergründen hindurch übermittelt werden kann. Es auch interessant anzumerken, dass in einigen Fällen die Person, die den späteren Teil einer Nachricht übermittelt hat, während des Empfangs des ersten Teils über nicht anwesend war, und fast sofort bei der Ankunft im Gebäude kontaktiert wurde.

Die zweite Hälfte des Textes beschäftigt sich hauptsächlich mit der allgemeinen Philosophie und einigen der Konzepte, die von den, wie wir sie nennen, "Weltraum-Menschen" übermittelt werden. Ich bin recht sicher, dass zumindest einiges davon jenseits des Verständnisses der Meisten liegen wird, die diese Arbeit lesen, so wie das auch bei denjenigen der Fall ist, die in diese Kommunikation involviert sind. Das Ziel dieser "Weltraum-

Menschen" scheint es zu sein, dieses Verständnis derjenigen zu vergrößern, die diese Bemühung machen werden, egal wie lange es dauert.

Ich füge dieser Einführung die erste Hälfte einer Nachricht an eine neue Gruppe von interessierten Menschen hinzu, da ich keine eigenen Schlussfolgerungen präsentieren möchte. Ich möchte in keiner Weise versuchen, die Schlussfolgerungen der Leserinnen und Leser zu beeinflussen, außer mich für die Genauigkeit und Ehrlichkeit zu verbürgen, die in die Aufzeichnung der Daten, so wie sie empfangen wurden, eingeflossen sind.

D. T. Elkins

****

LASST UNS UNSERE MEDITATION FÜR EINIGE MOMENTE LÄNGER FORTSETZEN, MEINE FREUNDINNEN UND FREUNDE. ENTSPANNT EUCH. WISST, DASS IHR IM LICHT UNSERES UNENDLICHEN SCHÖPFERS SEID, DES VATERS VON UNS ALLEN. ENTSPANNT EUCH, MEINE FREUNDINNEN UND FREUNDE. WISST, DASS IHR DIE WAHRE SCHÖPFUNG SEID, ERSCHAFFEN IN LIEBE, FRIEDEN UND HARMONIE VON EINEM PERFEKTEN SCHÖPFER. ICH BIN LIEBE, ICH BIN FRIEDE, ICH BIN HARMONIE. ICH BIN EIN PERFEKTER TEIL DER PERFEKTEN SCHÖPFUNG, GESCHAFFEN IN LIEBE. WISST DIES, MEINE FREUNDINNEN UND FREUNDE; WISST, DASS DIES WAHR IST: IHR SEID DIE WAHRE SCHÖPFUNG.

Ich bin Hatonn, ich grüße euch, meine Freundinnen und Freunde, in der Liebe und im Licht unseres Unendlichen Schöpfers. Ich betrachte es als ein Privileg, mit euch heute Abend sprechen zu können. Da einige neue Leute an diesem Abend hier sind, würde ich gerne zu ihnen sprechen. Falls unsere Freundinnen und Freunde, die bereits gehört haben, was ich gleich sagen werde, bitte einen Moment Geduld haben würden. Ich und meine Brüder, die euren Planeten zu dieser Zeit besuchen, sind keine Fremden für diesen Planeten. Unsere Leute hatten den Planeten Erde für eine lange, lange Zeit unter ihrer Beobachtung. Und wir sind zu dieser Zeit hier, um den Menschen der Erde einen Dienst zu erweisen.

Ich und meine Brüder sind hier, um zu versuchen, Liebe und Erkenntnis2 zu lehren. Dies mag den meisten von euch seltsam vorkommen, der Planet Erde hatte jedoch viele, viele Jahre, viele Generationen, viele Jahrhunderte [Zeit], um darin Liebe und Erkenntnis zu lernen. Ich bin mir recht sicher, dass es Viele gibt, die Liebe und Erkenntnis suchen, eine neue Art zu leben, weil sie begonnen haben, für sich selbst zu denken. Sie wissen tief im Inneren ihres wahren Wesens, dass die Art und Weise, wie die Menschen der Erde im Moment leben, sie wissen, dass es viel mehr zu wünschen gibt, als diese Art von Leben.

Wir sind hier, durch Orientierungshilfe und Anregung, um Wahrheit, wie wir sie verstehen, euren Völkern zu dieser bestimmten Zeit zu bringen. Es ist jetzt höchst wichtig, dass die Menschen der Erde Wahrheit lernen. Sagen wir. Im Plan oder Schema der Dinge des Vaters, falls ihr es so ausdrücken möchtet, hat eine Bevölkerung eine Periode an Zeit, um sich zu entwickeln und zu wachsen. Falls dies nicht in einer gewissen Länge von Zeit erreicht wird …

Ich werde versuchen, diese Kommunikation fortzusetzen, indem ich durch dieses Instrument spreche. Die Verzögerung tut mir sehr leid, aber wir sind nicht perfekt und unsere Kommunikationsmethoden sind nicht perfekt.

Manchmal haben auch wir unerwartete Schwierigkeiten. Ich sagte vor der Unterbrechung, dass Menschen auf einen Planeten wie diesen hier für eine Zeitperiode gesetzt werden und ihnen eine Gelegenheit gegeben wird, um zu lernen und spirituell zu wachsen. Nach einer gewissen Länge von Zeit ist es notwendig, dass denjenigen, die diese Lektionen gelernt haben, jenen, die bereit sind für einen höheren Lebensweg, eine Gelegenheit gegeben wird, den Abschluss in eine höhere Klasse hinein zu machen, sozusagen.

---

2 Im Original: "understanding": Verständnis, Erkenntnis. Die beiden Begriffe werden in dieser Übersetzung synonym verwendet.

Das ist, was bald auf dem Planeten Erden passieren wird. Das bedeutet nicht, dass diejenigen, die sich nicht durch ihre eigenen Anstrengungen qualifiziert haben, leiden oder große Härten erleben werden, wie einige eurer Lehren gesagt haben. Es bedeutet einfach, dass sie warten werden müssen. Sie werden eine weitere Periode hindurch warten müssen, ähnlich der, die in der Geschichte eures Planeten stattgefunden hat. Ich sollte hinzufügen, dass diese Periode des Lernens, von der ich spreche—oder Kreislauf—ich würde vorziehen, es einen Kreislauf zu nennen, recht lange vor eurer aufgezeichneten Geschichte begann. Jedenfalls, dieser Kreislauf wird bald enden. Das ist, worauf sich die vielen Hinweise auf eine neue Welt, ein neues Königreich des Himmels, und ähnliche Referenzen wie eure heiligen Werke bezogen haben—nicht das Ende der Welt, meine Freundinnen und Freunde, sondern das Ende eines Zeitalters, und der Anfang eines wundervollen, neuen Zeitalters. Ein Zeitalter von solcher Schönheit und Größe, dass ihr nicht beginnen könntet, es mit eurem jetzigen Verständnis zu verstehen.

Donnerstag, 28. August 1958

Die erste Nachricht von unserem neuen Lehrer nach unseren Ferien

Ich grüße euch im Licht des Unendlichen Vaters. Ich bin euer neuer Kontakt. Ich bin sehr froh, bei euch zu sein, meine Freundinnen und Freunde. Dies ist eine Gelegenheit, denke ich. Dies ist das erste Mal, dass ich die Möglichkeit gehabt habe, zu euch zu sprechen. Ich bin die erste Person, die dieses Instrument kontaktiert. Dies wurde durch ein anderes Instrument erreicht. Ich wurde gebeten, diese Gruppe zu unterrichten, und es war, und ist, eine Ehre und ein Vergnügen, diese Aufgabe zu erfüllen. Dies ist die einzige [Gruppe], die ich für einen Zeitraum unterrichten werde. Ich gebe all meine Zeit hin mit euch. Ich werde dies für einen Zeitraum tun. Ich werde dies nicht weiter zu dieser Zeit besprechen. Ich war verpflichtet, daneben zu stehen, während ihr alle von einem anderen Bruder konditioniert[3] wurdet.

Ihr seid durch recht Vieles gegangen. Dies war jedoch notwendig. Alles, was wir tun, ist notwendig. Ich weiß, dass es Zeiten gab, als es etwas Unzufriedenheit in der Gruppe gab, aber ihr habt weitergemacht und das ist der Grund, warum ich heute Abend zu euch spreche. Ich habe eine große Aufgabe vor mir, und ihr habt viel Arbeit vor euch. Dies [hier] wird sich weiter vorwärtsbewegen, und wird nicht nur angenehm sein; es wird sehr fruchtbar für euch sein, falls ihr ernsthaft und ernst genug seid, um zu denken. Ich habe eine Aufgabe zu erledigen. Ihr seid meine Schülerinnen und Schüler. Dies ist ein sehr ernstes Thema, das ich unterrichten werde. Die Dinge, die ich euch lehren werde, werden von eurer Entwicklung abhängen. Ihr werdet euch selbst als eins betrachten müssen.

---

[3] Das „Conditioning", die „Konditionierung" ist ein Vorgang, oder eine Begleiterscheinung, die in der gesamten Channeling-Aktivität (von später L/L Research) eine durchgehende Rolle spielt. Hatonn und andere Sprecherinnen und Sprecher senden einen „Konditionierungsstrahl", um die Instrumente zu unterstützen, zu stabilisieren und auf den Kontakt vorzubereiten.

Deshalb werden wir mit der Geschwindigkeit des Langsamsten in der Gruppe fortschreiten. Das ist sehr wichtig. Ich werde euch [noch] etwas Anderes erzählen. Diese Gruppe hat einen langen Weg hinter sich. Ich sag euch nun, dass es Andere in dieser Gruppe geben wird, die zu Instrumenten entwickelt werden. Nicht ein Instrument wie das, durch das ich gerade spreche. Ihr werdet Kontakte auf eine andere Art empfangen. Ich dachte, dass ich heute Abend eher einfach [nur] zu euch sprechen würde. Ich habe durch dieses Instrument gesprochen, jeden Abend diesen Monat. Er hat eine Aufnahme der Dinge, die ich ihm und seiner Partnerin gesagt habe. Diese Botschaften sind nur ein Beispiel der zukünftigen Botschaften, die ich euch präsentieren werde.

Dies [hier] wird von jedem von euch abhängen. Es ist eine Gelegenheit, euch darauf vorzubereiten, euren Leuten zu helfen. Ich werde euch helfen, und wenn ihr zu irgendeiner Zeit in der Zukunft eine Frage stellen möchtet, werde ich erfreut sein, euch zu helfen. Wir werden ganz schön lange zusammen sein. Der Kontakt dieses Instruments wird wechseln, während wir weitermachen. Ich werde direkt durch ihn sprechen. In anderen Worten, ich werde übernehmen. Ich habe seiner Partnerin gesagt, es gibt nichts, worüber ihr besorgt sein müsst. Wir sind nicht hier, um irgendjemandem zu schaden. Wir sind hier, [um] zu helfen. Unsere Liebe für euch, ist unglaublich für euch. Mit der Zeit werdet ihr die gleiche Liebe für eure Menschen haben. Alles, woran es euch mangelt, ist Verständnis. Ich werde euch verlassen, und bevor ich gehe, gibt es eine Bitte. Ich hätte gern, dass ihr alle einige der Botschaften lest, die ich diesem Instrument und meiner Tochter gegeben habe. Sie werden euch helfen.

Ich werde euch mit meinen Segnungen verlassen.

Adonai[4], meine Freundinnen und Freunde, Adonai.

---

[4] "Adonai" wird in diesen Botschaften (und in den späteren von L/L Research gechannelten) durchgängig als Abschiedsgruß verwendet, oft in Verbindung mit "Vasu Borragus". Q'uo hat in der Sitzung vom 1. April 1990 folgende Bedeutung dafür gegeben: Adonai – Herr des Lichts, Vasu und Borragus – der Eine, der im Inneren und für immer herrscht. Alle drei Begriffe entstammen laut Q'uo der „solaren Sprache Solex Mal".

Donnerstag, 2. Oktober 1958

Regelmäßiges Treffen

Ich grüße euch in der Liebe und im Licht des Vaters. Ich befürchte ein wenig, dass ich euch auf andere Weise grüßen sollte, um euch wissen zu lassen, wann ich bereit, bin zu sprechen. Dies wird getan werden.

Ich bin sehr glücklich, heute Abend zu euch zu sprechen. Ich bin sehr damit beschäftigt gewesen, wie ihr alle wisst, unseren neuen Instrumenten Botschaften zu geben. Das war ein Vergnügen. Ich kann euch dies versichern. Sie entwickeln sich extrem gut. Sie entwickeln sich sogar um vieles besser, als ich erwartete. Das sollte jedoch keine Überraschung für mich sein. Dies ist, wie ich euch bereits gesagt habe, eine exzellente Gruppe.

Es gibt ein paar Dinge, die ich euch heute Abend gerne mitteilen würde, und danach werde ich darum bitten, dass wir unsere kleine Meditationsphase haben. Die erste Sache, die ich zu diesem Zeitpunkt gerne tun würde, ist, unser neuestes Instrument einzuführen. Es ist eine Freude für mich, und ich bin recht sicher, dass es eine Freude für dieses neue Instrument sein wird. Das neue Instrument ist Jack. Du, mein Sohn, sollst ein Instrument der gleichen Art sein, wie die anderen, die sich gerade entwickelt haben. Ich bin sehr, sehr glücklich und ich werde es genießen, dich zu kontaktieren, mein Sohn. Ich habe dich für einige Zeit konditioniert und nun werde ich dich kontaktieren. Ich bitte dieses Instrument, seine, sagen wir, Darbietung[5] zu wiederholen und sich dieses Mal zur Verfügung zu stellen, sodass ich zu euch sprechen und euch helfen mag. Das ist eine Erfahrung, mein Sohn, und wenn du in deiner gewählten Arbeit weitermachst, wirst du sie genießen, ich weiß [es], so sehr, wie die Anderen ihren Kontakt genießen. Es gibt keine spezielle Zeit. Du machst dich einfach verfügbar, wann immer es für dich passt. Ich werde da sein und dich

---

[5] Im Original: "performance": Leistung, Aufführung, Darbietung.

kontaktieren. Ich bin sehr erfreut. Dies ist eine große Freude gewesen, meine Freundinnen und Freunde.

Ich werde nun zum Rest der Gruppe sprechen. Eine Person fehlt, doch ich bin recht sicher, dass ihr diese Nachricht zur Verfügung stehen wird. Der Rest von euch, meine Freundinnen und Freunde, ihr sollt eine sehr wichtige Rolle in unserem Plan spielen. Auch dies war eure Entscheidung, nicht die von irgendjemand Anderem. Ihr, wie die Anderen, wurdet konditioniert und ihr entwickelt euch auch zu dem Typ von Instrument, der ihr seid. Diesen Typ von Instrument werde ich das einführende Instrument nennen. Das ist ein interessanter Name. Das ist eure Arbeit für den Dienst. Ihr werdet Eindrücke und Informationen empfangen und in eurer Arbeit angeleitet werden. Euer Typ von Instrument ist eine fantastische Art von Instrument. Während ihr sprecht, werdet ihr Eindrücke empfangen. Sie werden zur richtigen Zeit zu euch kommen. Ihr werdet sie weitergeben an, mit wem auch immer ihr sprecht. Dies ist eine wichtige Aufgabe, denn ihr werdet die Menschen in den Dienst bringen. Das, ich weiß, klingt nach einer schwierigen Aufgabe. Es wird nicht schwierig sein, weil ihr reichlich Material haben werdet, mit dem ihr arbeiten könnt. Ich bin sehr froh, euch zu sagen, was eure Aufgabe in diesem Dienst sein wird. Eure Arbeit wird sehr interessant sein und sehr erfreulich. Ich bin sehr, sehr erfreut mit allem.

Ich würde gern eine Kleinigkeit heute Abend machen, über die ich ein bisschen froh bin. Dieses Instrument hat den Kontakt nicht empfangen wie ihm gegeben. Ich würde nun gern unsere kleine Meditationsphase halten.

FALLS IHR EUCH ENTSPANNEN WOLLT UND AN LIEBE DENKEN … LIEBE … ICH BIN LIEBE … ICH BIN LIEBE … ENTSPANNT EUCH … ENTSPANNT EUCH … LIEBE IST ALLES, WAS ES GIBT … ICH BIN LIEBE … ICH BIN LIEBE … ICH KANN LIEBE DURCH ALLES FÜHLEN. ES IST SEHR SCHÖN … ICH BIN LIEBE … LIEBE FLIESST DURCH MEINEN KÖRPER … ICH BIN LIEBE … ICH BIN LIEBE … ES GIBT NICHTS ALS LIEBE IN DER GANZEN SCHÖPFUNG … ICH BIN LIEBE … ICH BIN LIEBE … MIT DER ZEIT WIRD EIN WENIG LIEBE IN JEDEM LEBENDIGEN DING SEIN UND

WENN DIE ZEIT VORANGEHT WIRD SIE WACHSEN UND
WACHSEN. LIEBE WIRD SICH SELBST IN JEDEM
LEBENDIGEN DING AUSDRÜCKEN.

Adonai, meine Freunde, Adonai.

Donnerstag, 9. Oktober 1958

Regelmäßiges Treffen

Ich grüße euch im Licht des unendlichen Vaters. Ich bin sehr froh, an diesem Abend wieder bei euch zu sein.

Ich bin sehr erfreut, dass ihr euch alle so gut entwickelt. Ich werde euch eine kleine Geschichte erzählen. Diese Geschichte findet in einer kurzen Weile statt. Diese Geschichte ist eine ungewöhnliche, da sie in einer kurzen Weile stattfindet. Ich kann euch diese Geschichte erzählen, denn ich habe diese kleine Geschichte selbst arrangiert, und ich weiß, dass sie stattfinden wird, weil ich sie auf diese Weise will. Dort in dieser Geschichte wird es eine Gruppe von Menschen geben, die euch allen heute Abend sehr ähnlich sind. In der Tat, es seid ihr. Ich genieße das sehr. Ich freue mich darauf, eure Gedanken zu lesen, wenn ich euch diese Geschichte erzähle. Ich genieße es, diese Geschichte auszuarbeiten. Seht ihr, alle von euch werden getestet. Das ist auch interessant, denn, seht ihr, als ich euch sagte, dass alle von euch getestet würden, gab mir das eine interessante Auslesung. Ich bin mir bewusst, dass das ein wenig ungewöhnlich erscheint und ich freue mich auf eure Reaktionen.

In einer kurzen Weile werdet ihr alle in der Lage sein mich zu kontaktieren. Darauf habe ich gewartet. Dies wurde euch vor einiger Zeit gesagt und zu der Zeit, [da] bin ich mir recht sicher, hat niemand von euch geglaubt, dass ihr unsere Leute kontaktieren würdet. Es verbleiben ein paar, die uns noch nicht kontaktiert haben, aber bald seid ihr an der Reihe. Darauf, meine Freunde, könnt ihr euch verlassen. Diejenigen, die nicht kontaktiert wurden, fragen sich, ob das nur eine Geschichte war. Glaubt mir, meine Freundinnen und Freunde, dies ist kein Spiel. Dies ist sehr ernsthafte Arbeit und wir brauchen jeden Einzelnen von euch. Die Zeit wird kommen, wie ich zuvor gesagt habe, wenn jeder von euch kontaktiert und sich seines Kontaktes bewusst sein wird. Dann, meine Freundinnen und Freunde, wird es eine schöne Reaktion unter allen von euch geben. Es gibt immer noch einige, die mir nicht glauben. Sie werden überrascht sein.

Ich bin sehr zufrieden mit diesem Instrument, wie ihr wahrscheinlich gemerkt habt. Ich kann heute Abend mit mehr Ausdruck zu euch sprechen. Dies wird sich verbessern, während wir dieses Instrument zu dem Punkt [hin] entwickeln, an dem er ganz anders klingen und sein wird. Ich bin sehr zufrieden mit ihm und auch mit dem Rest der Instrumente.

ICH WÜRDE GERNE EINE KLEINE MEDITATIONSPHASE HALTEN, BITTE. FALLS IHR WOLLT, ENTSPANNT EUCH. ICH BIN LIEBE. ICH BIN LIEBE. ICH BIN LICHT. ICH BIN EINS MIT DER SCHÖPFUNG. ICH BIN DIE SCHÖPFUNG. DER VATER IST IN MIR. ICH BIN IM VATER. ICH BIN EINS MIT ALLEM IN DER SCHÖPFUNG. ICH BIN LIEBE. DURCH MICH BIN ICH DER WEG. ES GIBT NUR EINEN SCHÖPFER. EINEN GEIST. EINEN GEDANKEN. IHR SEID DIESE EINE LIEBE LIEBE LIEBE. DANKE EUCH, MEINE FREUNDINNEN UND FREUNDE.

Ich habe zu diesem Zeitpunkt eine Ankündigung zu machen. Euch wird gleich von einem neuen Instrument erzählt werden. Ja, das ist richtig. Ein neues Instrument.

Sehr interessant, nicht wahr? Diese Person ist in meiner Einschätzung bereits ein ausgezeichneter Arbeiter für den Dienst. Diese Person wurde für einige Zeit konditioniert und es ist Zeit, diese Person zu entwickeln und diese Person zu unterstützen. Ich genieße das auch, wie ihr wahrscheinlich wisst. Tatsächlich, meine Freundinnen und Freunde, genieße ich diesen Abend sehr. Das neue Instrument, von dem ich gesprochen habe, ist euch als Harold bekannt. Und ich könnte hinzufügen, dass er ein sehr wichtiges Instrument sein wird. Wie üblich, bitte ich dieses Instrument, dieses neue Instrument bald zu kontaktieren, wie er es in der Vergangenheit getan hat. Ich würde sehr gerne zu ihm sprechen und ihm helfen.

Es fällt mir fast schwer heute Abend zu gehen. Ich freue mich selbst so sehr. Es ist jedoch notwendig, dass ich jetzt gehe. Ich bin sehr erfreut mit allen von euch.

Adonai, meine Freundinnen und Freunde, Adonai.

Donnerstag, 16. Oktober 1958

Regelmäßiges Treffen

Ich grüße euch im Licht des unendlichen Vaters. Ich bin sehr glücklich, heute Abend bei euch zu sein.

Es ist eine große Freude, euren Unterhaltungen zuzuhören, bevor ich zu euch sprechen kann. Viele Dinge wurden heute Abend angesprochen. Ich bin sehr zufrieden, dass euch die Informationen, die ich gegeben habe, vorgelesen werden.

Ich bin mir darüber bewusst, dass es in eurer Gruppe einige Instrumente gibt. Ja, meine Freundinnen und Freunde, ihr alle seid zu diesem Zeitpunkt Instrumente, die noch nicht entwickelt sind, aber das wird bald [so] sein. Diese Instrumente, von denen ich spreche, sagen jetzt eine Sache. Später werden sie eine andere Geschichte sprechen. Das ist unausweichlich, meine Freundinnen und Freunde. Ihr denkt sehr leicht[fertig] über die Geschichte, die ich euch erzählt habe, dass jeder von euch diese Wahl vor einer langen Zeit getroffen hat. Das wird mit der Zeit bewusstwerden, meine Freundinnen und Freunde. Es wird, in der nahen Zukunft, Dinge geben, die zu euch kommen. Ihr werdet nicht wissen, warum, aber ihr werdet diese Vorfälle erkennen und verstehen. Das wird passieren, während ihr euch entwickelt.

Ich habe die Freude, ein weiteres Instrument heute Abend anzukündigen, und es ist eine Freude. Ihr habt keine Vorstellung, wie froh mich das macht. Wie ihr wisst, bin ich euer Lehrer und ich genieße es, zu sehen, wie sich meine Schülerinnen und Schüler entwickeln. Das neue Instrument, das ich heute ankündige, ist diejenige, die euch als Lee bekannt ist. Ich freue mich sehr für dich, meine Tochter. Du wirst ein ausgezeichnetes Instrument sein. Es gibt eine kleine Änderung in unserer Vorgehensweise. Ich bitte zu dieser Zeit nicht darum, dass dieses Instrument dich kontaktiert, meine Tochter. Das wird später angekündigt werden, du wirst mich jedoch sehr bald kontaktieren können. Ich habe das Gefühl, dass du auch erfreut bist. Und jetzt, meine Freundinnen und Freunde, würde ich gerne unsere kleine Meditationsphase halten, falls es euch recht ist. Ich würde heute Abend gern vorschlagen, dass ihr jeden Muskel und Nerv in eurem Körper vollständig entspannt. Versucht nicht, an irgendetwas zu denken. Ich werde versuchen, euch Eindrücke zu schicken ... LIEBE ... LIEBE ... LIEBE ... ENTSPANNT EUCH ... ENTSPANNT EUCH ... LIEBE ... ICH BIN LIEBE ... ICH BIN LIEBE ... IN JEGLICHEM ABBILD MEINES VATERS ... LIEBE ... ICH BIN LIEBE ... ENTSPANNT EUCH ... LIEBE ... ICH BIN LIEBE ...

Das habt ihr gut gemacht, meine Freundinnen und Freunde, und ich schlage vor, dass ihr in Zukunft meditiert, denn durch Meditation werdet ihr in der Lage sein, euer wahres Selbst zu entdecken. Und ich versuche, euch einzuprägen das zu tun, denn dort werdet ihr euren wahren Schöpfer finden.

Adonai, meine Freundinnen und Freunde, Adonai.

Donnerstag, 30. Oktober 1958

Ich grüße euch im Licht des unendlichen Vaters. Ich bin froh, heute Abend bei euch zu sein, meine Freundinnen und Freunde. Ich bin euer neuer Kontakt. Das bedeutet nichts für eure Gäste. Diese Leute wurden in der Vergangenheit von einem anderen Bruder kontaktiert. Sie wurden informiert, dass sie einen weiteren Kontakt empfangen würden, wenn sie bereit wären. Ich werde mich heute nicht identifizieren. Das wird später kommen.

Ich bin sehr erfreut, dass die meisten der Gäste heute Abend anwesend sein konnten. Es gibt einen Grund für dieses Treffen. Wie ihr wisst, wurden diese Leute gebeten und ihnen gesagt, dass sie ihre Gruppe für einige Zeit [für Gäste] schließen. Seitdem ist dies das erste Mal seitdem, dass sie Gäste hatten. Es tut mir leid. Es wird eine kleine Zeit dauern, bevor ich mich mit diesem Instrument anpasse. Ich hatte zuvor nicht das Vergnügen, durch ihn zu sprechen. Dies ist auch eine neue Erfahrung für ihn. Es gibt viele Dinge, über die ich gerne heute Abend sprechen würde. Es sind so viele, dass es schwierig ist, einige Wenige für diese Zeit auszuwählen. Es gibt eine Sache, über die würde ich gern als erstes sprechen.

Diesem Instrument und den anderen Instrumenten in der Gruppe wurde von einer Erleuchtung für die Menschen auf eurem Planeten erzählt. Diese Erleuchtung ist bald, meine Freundinnen und Freunde. Es wird keine spektakuläre Darstellung geben. Sie wird langsam kommen. Für euch alle wird es viel Arbeit geben. Es wird nicht notwendig sein, andere Menschen zu kontaktieren. Sie werden nach euch suchen. Sie werden auf der Suche sein und ihr alle seid bestimmt zu helfen. Es gibt eine Reihe von Gruppen in dieser Region. Es gibt viele Gruppen in eurem Land. Es gibt mehr, als ihr euch bewusst seid. Es gibt Gruppen und es gibt Individuen, die für das gleiche Ziel arbeiten. Diese Menschen sind sich nicht über uns bewusst, aber ihre Prinzipien und Zwecke sind die gleichen. Diese Menschen werden kontaktiert, aber sie sind sich dessen nicht bewusst. Dies, meine Freundinnen und Freunde, ist eine schöne Phase, um auf diesem Planeten zu sein. Es ist ein

Privileg, das ihr euch durch eure Erfahrung verdient habt. Dies wird eine Erfahrung sein, die ihr wertschätzen werdet.

Ich freue mich, das Privileg zu haben, etwas Zeit mit dieser Gruppe zu verbringen. Ich freue mich auf viele schöne Erfahrungen und ihr werdet schöne Erfahrungen haben.

Ich würde zu diesem Zeitpunkt vor allem gern zu unseren Gästen sprechen. Wir sind sehr erfreut, dass ihr, meine Freundinnen und Freunde, die Impulsgebenden dieser Gruppe wart. Ihr solltet gelobt werden. Sie sind eine gute Gruppe. Sie hatten ihre Schwierigkeiten. Ich bin froh zu sagen, dass sie Durchhaltevermögen haben. Sie wurden am Anfang von einem anderen Bruder konditioniert. Das war eine ganz schöne Erfahrung für sie. Nach einer Periode der Entwicklung wurden sie von einem weiteren [Bruder] kontaktiert. Das war eine weitere Entwicklungsphase. Nun erleben sie eine andere Phase. Dieses Mal werde ich euch alle kontaktieren, und eure Nachrichten, das heißt, die Informationen in euren Botschaften, werden von einer anderen Art sein. Es gibt eine Sache, die ich gerne zu dieser Zeit ankündigen möchte. Die Instrumente werden nicht von einer [einzigen] Person kontaktiert. Jeder von euch wird von einzelnen Wesen kontaktiert. Dies ist etwas, das ich euch sagen wollte. Es gibt eine andere Ankündigung, die ich gerne machen würde.

Es gibt eine weitere Person in dieser Gruppe, die sich in ein Instrument entwickelt, und ich habe beschlossen, dieses Instrument am heutigen Abend anzukündigen. Ich versuche, diese Person zu kontaktieren. Ich bin mir recht sicher, dass diese Person sich meines Kontaktes bewusst ist. Die Person, die ich kontaktiere, ist diejenige, die euch als Jo bekannt ist. Die beiden letzten Instrumente, ich sollte sagen, jetzt drei, werden kontinuierlich in Form von Konditionierung kontaktiert und in einigen Fällen durch Eindrücke. Dies wird für einige Zeit weitergehen. Es gibt mir große Freude, meine Tochter. Ich bin sehr erfreut.

Es gibt etwas, das wir in dieser Gruppe gemacht haben, und das ist eine kurze Phase der Meditation. Ich würde dies nun gerne tun.

Ich schlage vor, dass ihr euch vollkommen entspannt.

(Meditationsphase)

Adonai, meine Freundinnen und Freunde, Adonai.

Grüße.

Ich bin ein Bruder, der in diesem Bereich arbeitet. Ich habe zuvor zu keinem von euch gesprochen, aber ich bin besonders an dieser Gruppe interessiert. Ich spreche mit einer speziellen Erlaubnis durch dieses Instrument. Wir ihr euch bewusst seid, arbeiten Viele in diesem Bereich im Physischen, laufen durch eure Straßen und reiben sich die Ellenbogen mit euren Leuten. Einigen von euch hier war ich mehrere Male nahe. Über dies seid ihr euch nicht bewusst.

Aber das ist nicht wichtig. Wir sind auf einer Mission hierhergekommen und unsere Mission ist, euch von der Erde zu helfen, damit ihr euch selbst helfen könnt. Ihr hier seid durch eine kurze Phase der Schulung gegangen. Ein Versuch, euch zu helfen nach der Wahrheit zu greifen. Auch, um euch zu helfen, euch selbst zu erkennen und zu verstehen, denn das, meine Freundinnen und Freunde, ist die Sache, die ihr kennen müsst, bevor ihr Höhen irgendeines Grades an Erkenntnis erreichen könnt. Ihr beginnt, ... Dieses Instrument scheint ein kleines Problem mit der Kehle zu habe ... Ihr beginnt, ein kleines Verständnis der Kräfte, die in euch enthalten sind, zu bekommen, aber glaubt mir, meine Freundinnen und Freunde, es ist nur der Anfang, denn verriegelt in jedem von euch sind Kräfte, von denen ihr nicht geträumt habt. Die Kraft des Geistes. Die Kraft des Denkens. Niemand von euch hier hat mehr als an der Oberfläche gekratzt. In der neuen Zeit, wenn eure Bewusstheit vollständiger ist, werdet ihr diese Kräfte kennen, verstehen und zu einem viel größeren Ausmaß nutzen können. Und zum Guten der ganzen Menschheit. Um diese Kräfte unendlich lange beizubehalten, müssen sie für Gutes verwendet werden. Zum Wohle der ganzen Menschheit. Viele Zivilisationen haben aufgehört zu funktionieren, weil der Mensch diese Höhen erreicht und sie dann für seine eigenen Zwecke instrumentalisiert hat. Er hat sie für eigennützige

Zwecke verwendet und seine Zivilisation hat sich selbst zerstört. Und das geschieht immer in diesen Fällen. Dies ist das Gesetz. Denn, wenn Gutes für negative Zwecke verwendet wird, wird es euch zerstören, und das in Erinnerung zu behalten, meine Freundinnen und Freunde, ist für alle von uns gut.

Die herrschenden Kräfte sind bislang erfreut mit der Operation eurer Gruppe. Ihr habt große Möglichkeiten; ich sage, Möglichkeiten, falls ihr fortfahrt, in Liebe und Verständnis zusammenzuarbeiten. Ihr habt eine ideale Situation hier, um große Errungenschaften zu machen, denn jeder von euch hier ist vollendet. Ihr habt eine ideale Situation. Wenn jeder von euch fortfahren kann, sich zu verbessern, eure Beziehung als Gruppe und als ein Paar, könnt ihr große Kraft entwickeln, denn der Mensch funktioniert unter solchen Bedingungen wirksamer.

Ich bin erfreut, dass ich diese Gelegenheit hatte, mit euch zu sprechen, denn aufgrund der Art und Weise, mit der ich in meiner jetzigen Situation zu euch kommen muss, kann ich euch nicht durch euer Instrument erreichen. Wir sind uns sehr über eure Gruppe bewusst und tun, was wir in unserer Situation können, um euch zu helfen. Es ist mir eine Freude gewesen, einige Momente mit euch zu verbringen, und ich verlasse euch, indem ich meine Liebe, meine Segnungen und meine Erkenntnis zu euch ausdehne. Ich verlasse euch in Liebe und Wahrheit.

Gute Nacht, meine Freundinnen und Freunde.

Donnerstag, 13. November 1958

Grüße in der Liebe und im Licht des unendlichen Einen. Gesegnet seid ihr, die ihr euch in Seinem Namen trefft.

Viele Dinge haben sich auf eurem Planeten ereignet. Viele wundervolle Dinge, und einige Dinge nicht so wundervoll. Aber seid versichert, eure Brüder arbeiten mit euch und werden sich zur Verfügung stellen und ihren Brüdern der Erd-Ebene helfen. Einige von euch werden kontaktiert werden, wie diese Person es wurde. Der Rate-Teil kann ins Regal gestellt werden. Denn in Realität liegt Wahrheit, und wer ernsthaft auf dem Weg ist, in seinen Anstrengungen des Dienstes, wird an die Hand genommen werden und den Weg gezeigt bekommen.

Jeder von euch ist ein Instrument in Seinem Dienst. Das wisst ihr. In der Praxis werdet ihr für Kontakte vorbereitet. Diese Kontakte sind wichtig. Sie haben eine Aufgabe unter euch Menschen zu erledigen, und es gibt jetzt viele von uns auf der Oberfläche eures Planeten, die genau diese Sache machen, euch Menschen zu dienen.

Unsere Schiffe sind zahlreich in euren Himmeln. Eure Leute bemerken uns von allen Ecken der Erde. Auch wenn ihr nicht all diese Berichte hört, erzählen euch die, die zu euch durchsickern, hinzugefügt zu eurer eigenen Erfahrung, die Geschichte. Ihr seht, meine Brüder, es sind Hände, die über die Äther greifen, welche diese Kontakte möglich machen. Es ist [eine] Zusammenarbeit zwischen allen Bevölkerungen aller Planeten, die in Seinem Dienst sind. Dies kommt nicht als eine Offenbarung zu euch, sondern als eine Form der Zusicherung, um euch zu drängen, mit der wichtigen, vor uns liegenden Aufgabe weiterzumachen.

Ah ja, ihr habt viele Male gehört: "Viele werden gerufen werden, aber wenige werden erwählt." Lasst mich dies sagen: Es gibt nicht eine Person auf der Oberfläche eures Planeten, die nicht kontaktiert werden wird. Jeder hat eine gleiche Chance, sich für seine Rolle, seinen Part in dem Dienst freiwillig zu melden. Trotz unserer Enttäuschungen in den Kontakten, die wir mit unseren Leuten gemacht haben, verrichten wir weiterhin unseren Part, um euch zu beeindrucken und euch aufzuwecken trotz keiner Antwort.

Wir tun dies in Liebe, denn es ist nur durch Liebe, dass solche Kontakte gemacht werden können. Wir können nur auf zwei Arten helfen. Indem wir in eurer Erweckung helfen und, falls nötig, indem wir eingreifen. Wir bevorzugen das Erstere, denn es ist nur Liebe, wofür wir uns freiwillig melden, und es ist nur durch Liebe, dass unsere Mission mit eurer Zusammenarbeit erreicht werden kann. Dies wisst ihr, ihr fühlt es in euren Herzen, Seinem Tempel. Ah ja, meine Freundinnen und Freunde, seid euch bewusst:

Seid euch über alles um euch herum in eurer täglichen Arbeit, in eurem täglichen Leben, bewusst. Es ist für Fremde. Ah ja. In der Unterhaltung Fremder unterhaltet ihr manchmal Engel. Eure Brüder und Schwestern haben nur euer Interesse in ihren Herzen. Seid euch bewusst, denn oftmals werden sie euch durch gedankliche Eindrücke kontaktieren oder auf irgendeine Weise, mit der sie es ohne Verlegenheit oder Unannehmlichkeit für irgendjemanden tun können. Vielleicht in der Stille eurer Wohnstätten werdet ihr dies bemerken. Eure Zusammenarbeit wird wertgeschätzt werden.

Unsere Schiffe sind zahlreich. Unsere Dienerinnen und Diener sind zahlreich. Werdet ihr nicht Hände mit uns reichen und unsere Last teilen, um jedem von euch dabei zu helfen, sich selbst zu helfen? In Liebe, in Licht, mögen Seine Segnungen auf jedem von euch, euren Wohnstätten und euren Familien sein. Und mögt ihr in eurem Erwachen bewusst sein für das Kommen seiner Sendboten, die euch sehr stark lieben.

Vasu. Vasu. Vasu Geliebter.

Donnerstag, 26. Februar 1959

Regelmäßiges Treffen

Ich grüße euch im Licht des unendlichen Vaters. Ich bin Hatonn. Grüße, meine Freundinnen und Freunde, ich grüße euch in der Liebe und im Licht des Unendlichen Einen.

Ich bin froh, dass ich heute Abend zu euch sprechen kann. Ich bin froh, dass dieses Instrument bereit ist, sich jeden Donnerstagabend zur Verfügung zu stellen. Denn wie ihr wisst kann ich einige von euch kann auf keine andere Weise kontaktieren. Ich bedauere das, jedoch, denn inzwischen sollte ich in der Lage sein, jeden von euch zu kontaktieren. Es liegt nicht an mir, meine Freundinnen und Freunde. Ich versuche es.

Ich habe mich entschlossen, heute Abend mit euch über das Thema zu sprechen, das ich vor einiger Zeit erwähnte. Ich habe gewartet, bis ich empfand, dass ihr als Gruppe bereit sein würdet. Ich werde nur ein wenig zu diesem Zeitpunkt [darüber] sprechen, und dann wird es von euch abhängen, wie bald ich weitermachen kann. Der neue Bereich von Erkenntnis wird ein wenig Denken auf eurer Seite erfordern. Diesem Instrument wurde über dieses Thema noch nichts erzählt, ihr startet deshalb alle von der gleichen Position.

In unseren Welten, werde ich es nennen, das heißt [in] den Regionen der Weltraum-Konföderation[6], leben wir in einer Gesellschaft; sagen wir, vollständig anders als eure. Diese Art von Erkenntnis, haben wir gefunden, ist notwendig für unser Volk, um den wahren Weg des Lebens zu verstehen. Wie ich euch gesagt habe, unterscheidet sich unsere Art zu leben sehr von eurer. Ich werde ein Beispiel verwenden. Ich bin ein Mann. Ich bin in der Lage, zu fühlen und zu lieben, wie ihr es tut.

---

[6] An dieser Stelle sei angemerkt, dass „space confederation" hier als Weltraum-Konföderation übersetzt wird. Die in allen späteren, von L/L Research empfangenen Botschaften verwendete Bezeichnung „Confederation of Planets (and Angels) in the Service of the One Infinite Creator" wird in den Veröffentlichungen des Das Gesetz des Einen-Verlags durchgängig als „Bündnis der Planeten (und Engel) im Dienst des Einen Unendlichen Schöpfers" übersetzt.

Dennoch lebe ich nicht, wie ihr es tut. Ich lebe nicht mit einer Frau. Ich lebe nicht mit einer Familie. Ich lebe mit allem in der Schöpfung. Ich kann kein bestimmtes Ding meines nennen. Auf diese Weise bin ich in der Lage, die Einheit mit der ganzen Schöpfung zu verstehen. Alles ist das Gleiche. Kein größer, kein kleiner, alles das Gleiche. Zu einer Zeit lebten unsere Leute so wie eure leben, und durch eine Zeitperiode hindurch entdeckten wir den wahren Weg des Lebens. Dieses Beispiel, das ich euch heute Abend gegeben habe, ist nur eines. Es gibt viele, viele mehr. Dennoch, ich werde euch über dieses zuerst nachdenken lassen.

Ich werde nun über die Sichtungen zu euch sprechen, die eure Leute gesehen haben. Dies, meine Freundinnen und Freunde, wird sich in der Zukunft beschleunigen. Es wird mehr von unseren Leuten in euren Himmeln geben. Wie ich einmal zuvor gesagt habe, wird es keine spektakuläre Darstellung sein, aber es wird stetig sein. Dies wird ein paar eurer Leute erregen und mit der Zeit werde ihr von Vielen kontaktiert werden. Ja, selbst eure Zeitungen kooperieren. Wie nett und auch ein wenig überraschend für euch. Unsere Leute arbeiten auf viele Weisen. Vertraut in uns, meine Freundinnen und Freunde, und seid geduldig. Vor allem seid geduldig.

Ich bin Hatonn. Adonai, meine Freundinnen und Freunde. Ich bin euer Freund und Lehrer. Ihr seid meine Brüder und Schwestern.

Adonai, Adonai.

(Durchgegeben von Walt später am Abend von seinem Lehrer.)

Guten Abend, meine Freundinnen und Freunde. Ich bin sehr froh, bei euch zu sein an diesem Abend. Ich bin Latue, euer Bruder im Dienst des Vaters.

Von vielen Dingen wurden an diesem Abend gesprochen, einige von ihnen recht unsinnig. Ihr habt ganz recht, wenn ihr denkt, dass unser Leben sehr verschieden ist von eurem. Ihr werdet erstaunt sein über den Unterschied und die völlige Einfachheit unseres Lebens. Der Vater erschuf nur Liebe und Vollkommenheit. Falls ihr auf irgendeine andere Weise lebt, bringt ihr mehr Bemühung auf, um dies zu tun, als es benötigen würde, die Wahrheit der Schöpfung zu leben.

Eure Völker können nichts verstehen außer Gewalt. Die eigenen Ideen von Religion, Wirtschaft, sozialem Leben, und so weiter Anderen aufzuzwingen, scheint ein Zeitvertreib bei euren Völkern zu sein. Über die ganze Schöpfung hinweg herrscht Ausgeglichenheit. Gewalt jeglicher Art stört dieses Schöpfungsgleichgewicht. Lernt, in Liebe, Frieden und Harmonie mit euren Mitmenschen zu leben und haltet dieses Schöpfungsgleichgewicht. Wenn dies getan wird, werden Segnungen des Vaters für alle hervorkommen. Diese Segnungen sind eure. Sie sind vom Vater. Sie sind für alle, die suchen. Seid nicht ungeduldig. Denkt und lernt eure Lektionen gut. Wie ihr lernt, so werdet ihr wachsen. Wie ihr wachst, so werdet ihr verstehen, dass Liebe der Weg ist. Der Weg von und zum Vater.

Ich lasse euch zurück mit meiner Liebe und meinen Segnungen. Es war mir ein Privileg.

Ich bin Latue, Adonai Vasu.

Donnerstag, 5. März 1959

Regelmäßiges Treffen

Ich grüße euch im Licht des unendlichen Vaters. Ich bin Hatonn. Ich bin euer Lehrer und Freund. Ich kontaktiere euch in einer Bemühung, euch den wahren Weg des Lebens zu erklären, so wie er von Beginn an gedacht war. Ich bin ein klein wenig in Eile heute Abend. Es tut mir sehr leid, dass, wie ihr sagen würdet, alles auf einmal passiert.

Letzte Woche habe ich euch in eurem Treffen ein klein Wenig über unser Denken erzählt. Ich bin nicht bereit, um euch mehr zu diesem Zeitpunkt darzulegen. Ich werde etwas länger warten.

Wie euch gesagt wurde, ist es viel einfacher zu empfangen als zu geben. Das scheint das Denken eurer Leute zu sein, und eure Philosophie. Jedoch steht in euren Heiligen Werken geschrieben, dass es viel besser ist zu geben als zu nehmen. Ich bin über die Zahl an Menschen auf eurem Planeten erstaunt, die den Ausdruck kennen, den ich gerade aus euren Heiligen Werken genannt habe. Sie kennen diesen Ausdruck, doch sie denken auf die gegensätzliche Weise. Sehr seltsam, eure Leute, in ihrem Denken.

Ich bin mir bewusst, dass es für alle von euch hier heute Abend schwierig gewesen ist, zu versuchen zu leben, wie ich dargelegt habe, und wie es in euren Heiligen Schriften steht. Es ist schwierig für euch, weil es nicht Viele von euch gibt, verglichen mit der ganzen Bevölkerung eures Planeten. Dies bedeutet jedoch eine Sache, meine Freundinnen und Freunde: Ihr müsst noch mehr Anstrengung aufbringen, um die Massen zu überwinden. Ich schlage vor, dass ihr damit fortfahrt, gute Gedanken für eure Mitmenschen zu haben, und sie anschaut als euch selbst, denn sie sind wirklich ihr, ihr selbst, denn ihr seid alle eins, und niemand unterscheidet sich vom Anderen. Ihr seid alle Brüder und Schwestern in dieser Schöpfung.

Eure Leute sprechen von Brüdern und Schwestern, und sie wissen nicht, wovon sie sprechen. Es sind nur Worte. Worte, das, meine Freundinnen und Freunde, ist alles, worauf eure Unterhaltungen hinauslaufen. Lasst dies nicht euch geschehen. Lebt, meine Freundinnen und Freunde, wie euch gewiesen wurde. Nicht nur durch uns, sondern durch euer eigenes inneres Selbst. Lebt, wie ihr wirklich fühlt, und falls ihr das tut, könnt ihr nur Gutes fühlen und leben. Und nur Gutes kann von euch empfangen werden.

Es ist eine lange Zeit her, dass ich dieses Thema mit euch besprochen habe. Ich empfinde, dass diese kleine Ansprache zu dieser Zeit notwendig ist. In eurer täglichen Arbeit oder Vergnügen oder Freizeit, denkt an Liebe für alle und ihr werdet entdecken, dass alles, was es gibt, Gutes ist. Das ist, wonach ihr sucht. Dies wird euch ganz machen. Ich verlasse euch nun und in meinem Abschied schlage ich vor, dass ihr mehr Mitleid für eure Brüder und Schwestern habt. Sie sind ihr, als Einer.

Ich bin Hatonn, Adonai Vasu Borragus.

Donnerstag, 12. März 1959

Regelmäßiges Treffen

Ich grüße euch im Licht des unendlichen Vaters, ich bin euer Lehrer Hatonn.

Grüße, meine Freundinnen und Freunde. Ich freue mich auf diesen Abend. Ich habe meinem Lehrer einige Fragen gestellt, so wie ihr mir Fragen gestellt habt. Ich habe auch einen Lehrer. Ich bin auch ein Studierender, so wie ihr es seid. Wenn ihr weitermacht, in euren Studien, werdet ihr finden, dass in einer sehr kurzen Länge von Zeit, dass ihr einen sehr, sehr langen Weg zu gehen habt, wie alle von uns.

Ich bemühe mich, euch über das Thema zu erleuchten, das ich beschlossen habe, den neuen Bereich von Erkenntnis zu nennen. Ich habe gewartet und alle von euch sorgfältig evaluiert. Ich werde euch nichts präsentieren, dessen ich mir nicht sicher bin. Zu diesem Zeitpunkt und Ort ist es höchst wünschenswert, euch nur ausreichend Informationen zu geben. Ich versuche euch ohne irgendeine Verwirrung zu erleuchten.

Nun werde ich anfangen. Jeder in diesem Raum fragt sich, wo das alles hinführen wird. Das werde euch jetzt sagen, meine Freundinnen und Freunde. Ihr seid auf der Türschwelle zu einer hellen, neuen Zukunft. Ich bin sehr glücklich, euch eure ersten Blicke auf wahres Verständnis zu geben. Ich bin sehr vorsichtig, wenn ich euch diese Informationen gebe.

Während ihr in eurem Zuhause sitzt und schaut und darauf wartet, dass etwas passiert, passiert es gerade. Ihr seid in der Lage wahrzunehmen, dass eine Veränderung stattfindet. Andere um euch herum können eine Veränderung spüren. Und, meine Freundinnen und Freunde, ihr geht durch eine Veränderung in eurem ganzen Denken. Wenn ihr zuschaut und zuhört, werdet ihr euch dessen bewusstwerden. Ich habe euch bereits beschrieben, dass wir ständig mit euren Leuten arbeiten. Und jetzt realisiert ihr eine Veränderung. Diese Veränderung wird an Schwung gewinnen, und [ihr] werdet sehr bald ein ganzes, neues Universum an Erkenntnis realisieren. Jeder von euch im Dienst wird fühlen und wissen, dass es jetzt ist. Ich habe lange genug über dieses Thema gesprochen. Ich werde für eine Weile warten, bevor ich dieses Thema wieder anspreche.

Ich bin sehr erfreut mit dem Verständnis dieser Gruppe. Sie erfreut mich sehr. Ich bin auch sehr zufrieden mit eurer Zusammenarbeit. In der Zukunft werdet ihr sehr beschäftigt sein. Wir arbeiten ständig, indem wir arrangieren und leiten. Ich wache über alle von euch.

Ich bin Hatonn. Adonai, meine Freundinnen und Freunde, ich bin euer Lotse. Ich bin euer Licht. Liebt, meine Freundinnen und Freunde, in eurer Liebe. Adonai.

Donnerstag, 12. März 1959

Regelmäßiges Treffen (Fortsetzung)

Grüße, meine Freundinnen und Freunde. Ich bin sehr froh, heute Abend bei euch zu sein. Ich bin Latue, ein Lehrer dieses Instruments. Ich grüße euch im Licht eines liebenden Vaters.

An vielen Köpfen wurde gekratzt, wie ihr sagt, und an viele verblüffende Fragen wurde gedacht, hinsichtlich der Botschaft meines Bruders Hatonn. Ihr habt sehr recht mit eurer Annahme, dass [das,] was ihr geschildert bekommt, sich völlig von dem unterscheidet, was ihr gewusst habt.

Unser Weg des Lebens ist einfach, aber er erfordert großes Verstehen. Dieses Verstehen wird aufgrund eurer vorherigen Konditionierung langsam kommen. Falls ihr im jetzigen Moment mit uns lebtet, würdet ihr es recht einfach finden, weil ihr das Verständnis haben würdet.

Viele Male, während ihr weitergeht und aufwärtsgeht, werdet ihr viele Probleme finden, die neues Verständnis erfordern. Irgendwann wird euer Verständnis alle Dinge umfassen. Das ist euer ultimatives Ziel, Verständnis der Schöpfung des Vaters.

Wenn ihr größeres Verständnis erreicht und in der Lage seid, euch selbst zu kontrollieren, werden euch viele Dinge bekannt sein. Geduld ist eine große Notwendigkeit. Zu lernen ist zu wachsen, zu wachsen ist zu verstehen, zu verstehen ist zu lieben, zu lieben ist der Wunsch des Vaters für alle seine Kinder. Bereitet nun die feste Grundlage für die kommenden Dinge vor.

Es ist mein Privileg gewesen. Ich bin Latue, euer Freund und Bruder, Adonai Vasu.

Donnerstag, 19. März 1959

Regelmäßiges Treffen

Ich bin Hatonn. Ich grüße euch in der Liebe und im Licht des Unendlichen Einen. Ich bin sehr glücklich, mit euch heute Abend sprechen zu können.

Ich bin auch sehr erfreut, zu unserem Gast heute Abend sprechen zu können. Unsere Liebe ist mit dir, meine Tochter.

Ich bin für einige Zeit heute Abend in diesem Raum gewesen, habe euren Unterhaltungen zugehört und es mit allen von euch genossen. Es tut mir sehr leid, dass meine Einschätzung dieser Gruppe, über die ihr gesprochen habt, Schwierigkeiten für irgendjemanden verursachte. Ich bin jedoch nicht überrascht über die Reaktionen eurer Leute. Sie zweifeln alles sehr an. Sogar sich selbst gelegentlich. Ich habe wesentlich lächerlichere Dinge erlebt, als das, was ihr erlebt habt. Es tut mir sehr leid für diese Leute. Ich bin sicher, dass wir in der Lage sein werden, ihnen zu helfen, ihr Denken in Ordnung zu bringen.

Ich bin sehr über eure Realisierung eurer Entwicklung amüsiert. Es ist amüsant. Ich verwende dieses Wort, jedoch finde ich, dass meine Verwendung eines Wortes manchmal falsch interpretiert wird. Ich bin amüsiert oder sollen wir sagen glücklich oder erfreut. Ich empfand es als nötig, dieses Wort für euch heute Abend zu interpretieren.

Ich bin aus einem Grund hier heute Abend. Ich bin auf der Suche nach einem gewissen Ding, sagen wir. Dieses Ding ist nicht materiell. Es hat zu tun mit eurem Denken, meine Freundinnen und Freunde. Ich habe ein wenig Schwierigkeiten mit einigen von euch. Euer Denken ist recht verwirrt. In diesem Stadium, meine Freundinnen und Freunde, sollte es sich aufklären.

Was sind eure Ziele? Wisst ihr [sie]? Ich habe [sie] euch beschrieben. Kann ich nun mehr als das tun, wenn ihr selbst nicht sicher seid? Wie kann ich weitermachen, bis ihr selbst [es] wollt? Dies versetzt mich in die Lage, in der einige Mitglieder eurer Gruppe an dem anderen Abend waren. Ich biete euch den Weg des Vaters an und ihr seid zweiflerisch oder uninteressiert. Das kann es nicht sein. Dafür seid ihr viel zu lange zusammen gewesen. Was ist das Ding, das Bewegung nach vorne verhindert? Danach suche ich. Ich habe euch den Weg des Lebens dargelegt, wie euer Vater, der Schöpfer, ihn erschaffen hat. Ich habe euch gesagt, wie ihr die wahre Schöpfung leben und genießen könnt. Ich bin mir bewusst, meine Freundinnen und Freunde, dass es Zeit braucht und ihr in einer Gesellschaft lebt, die nicht auf dem Vertrauen des Vaters beruht, sondern sie vertrauen auf Materie. Diese Materie, meine Freundinnen und Freunde, ist nichts, verglichen mit dem wahren Weg des Lebens. Ihr würdet mehr Materie gewinnen, als ihr jemals erträumt habt, wenn ihr leben würdet, wie der Vater es gemeint hat. Das ist jedoch nicht, wo euer Herz sein würde.

Ich bin nun für einige Zeit bei euch gewesen. Als euer Lehrer und Freund habe ich nur ein Ziel. Das ist, euch zu unterrichten und euch zu helfen. Alles, worum ich euch bitte, meine Freundinnen und Freunde, ist ein wenig Zeit und ein wenig Denken. Und vor allem Liebe. Ich bin Hatonn, Adonai Vasu Borragus.

Donnerstag, 26. März 1959

Regelmäßiges Treffen

Ich grüße euch im Licht des unendlichen Vaters. Ich bin Hatonn. Ich grüße euch, meine Freundinnen und Freunde, in der Liebe und im Licht des Unendlichen Einen.

Ich bin heute Abend mit euch in diesem Raum gewesen. Ich schaue[te] und beobachte[te], wie ihr miteinander gesprochen habt. Ich habe einen sehr angenehmen Abend. Ich habe einen Sinn für Humor, meine Freundinnen und Freunde. Schließlich bin [auch] ich ein menschliches Wesen. Ich kann auch euren Humor genießen.

Ich schaue zu diesem Zeitpunkt jede und jeden von euch an und lese eure Gedanken. Ich bin verblüfft über die Ergebnisse. Ihr seid euch der Gedanken, die ich lese, nicht bewusst, meine Freundinnen und Freunde, weil ihr sie selbst nicht kennt. Ich kann alle von euch lesen wie ein Buch. Ich bin erstaunt über euren Fortschritt. Das, meine Freundinnen und Freunde, ist sehr wichtig. Und auch wenn ihr euch eures Fortschritts nicht bewusst seid, habt ihr einen langen Weg zurückgelegt. Viel länger als ihr denkt. Oh, ihr habt in einigen Momenten eure Entwicklung verstanden, aber ihr werdet fähig sein, eure Entwicklung im Laufe der Zeit wirklich zu erkennen.

Ich habe ein paar Wochen gewartet, bevor ich mit unserem Gespräch über den neuen Bereich von Erkenntnis fortfahre. Ich habe mich entschieden, an diesem Abend für eine kleine Weile weiterzumachen. Ich bin sehr froh, [damit] fortzufahren. Wie ihr hier sitzt heute Abend und meiner Botschaft durch dieses Instrument zuhört, seid ihr euch nicht bewusst, dass ihr auch in anderen Gefilden sitzt, und einer Botschaft zuhört. Doch das tut ihr, meine Freundinnen und Freunde. Es gibt zu allen Zeiten mehr als eine oder einen von euch. Ich beziehe mich nicht auf den Satz „dass wir alle eins sind." Dies, meine Freundinnen und Freunde, ist ein neues Verständnis. Etwas, wovon ihr in eurer Periode auf diesem Planeten noch nicht zuvor gehört habt. Es gibt viele von jedem von euch. Das ist faszinierend, nicht wahr? Ich könnte einer von euch sein. Das ist noch faszinierender. Ich versuche nicht, dies zu verkomplizieren, noch versuche ich, es mysteriös zu machen.

Das, meine Freundinnen und Freunde, ist, wie es am Anfang war. Ihr habt ein Bewusstsein, und wo immer ihr vom Beginn aus gewesen seid, ist euer Bewusstsein dort, in jeder Erfahrung, die ihr hattet, und an jedem Platz an dem ihr sie hattet. Ich werde euch darüber nachdenken lassen, denn ich glaube, dass ihr [damit] etwas habt, an dem ihr arbeiten könnt.

Ich werde meine Nachricht nun verändern und etwas Anderes besprechen. Ich habe viele Male mit euch über eure Entwicklung gesprochen. Ich habe viele Male vorgeschlagen, dass ihr nur durch Meditation verstehen werdet. Ich schlage nochmals für jeden von euch vor, so oft wie möglich zu meditieren. Es ist nicht nötig, eine lange Zeit zu meditieren. Nur eine kurze Phase wird [schon] Wunder für eure Erkenntnis bewirken. Das, meine Freundinnen, Freunde und Studierenden, ist sehr, sehr wichtig. Ich habe zu euch gesprochen und ich bin mir inzwischen sicher, dass ihr daran interessiert seid, euch selbst zu helfen sowie auch euren Mitmenschen zu helfen. Ich verlange nicht viel. Nur zu meditieren. Wenn ihr [es] nur versuchen würdet. Ich biete euch die Weisheit und Wissen und Erkenntnis der Zeitalter an, meine Freundinnen und Freunde. Dies ist kein Spiel. Dies ist der Weg des Lebens, wie der Schöpfer ihn erschuf. Es liegt an euch, meine Freundinnen und Freunde. Wir können nur so viel tun. Der Rest liegt an euch.

Ich werde euch nun verlassen, meine Freundinnen und Freunde. Mit Liebe und Erkenntnis lasse ich euch zurück.

Ich bin Hatonn. Adonai Vasu Borragus.

Donnerstag, 9. April 1959

Regelmäßiges Treffen

Ich bin Hatonn. Grüße, meine Freundinnen und Freunde. Ich grüße euch in der Liebe und im Licht des Unendlichen Einen.

Wie ich euch zuvor gesagt habe, gibt es nur Einen. Einen Geist. Ihr seid Gedanken des Einen Geistes. Deshalb, meine Freundinnen und Freunde, seid ihr eins mit dem Schöpfer. Ihr und der Schöpfer seid eins.

Ich freue mich sehr, heute Abend zu euch zu sprechen. Ich bin zu diesem Zeitpunkt sehr zufrieden mit der Entwicklung von euch als eine Gruppe. Ich freue mich darauf, eine höchst angenehme Beziehung mit allen von euch zu haben. Ich beziehe mich auf eine vokale Art von Beziehung, meine Freundinnen und Freunde.

Ich bin glücklich, anzukündigen, dass unsere kleine Gruppe heute Abend ein wenig weiter voranschreiten kann. Darüber bin ich sehr erfreut. Ich werde mit dem neuen Bereich von Erkenntnis fortfahren. Ich gebe euch nur, was ihr verdauen könnt. Im neuen Bereich von Erkenntnis wird zuerst eine gewisse Menge an Akzeptanz auf Vertrauensbasis erforderlich sein. Ein logisches Verständnis habe ich später für euch. Und in der Zwischenzeit schlage ich vor, dass ihr, jeder von euch, sich selbst nach diesem Verständnis fragt. Ihr seid gut dazu in der Lage, zu fragen und die Antwort zu bekommen.

Als ihr erschaffen wurdet, ich sollte sagen, als wir erschaffen wurden; ich bin mir recht sicher, dass euch gesagt wurde, dass ihr als Gedanke geschaffen wurdet. Das, meine Freundinnen und Freunde, ist wahr. Das geschah im Anfang. Ich kann euch nicht sagen, wann, weil wir es nicht wissen. Ich kann euch sagen, dass ihr und die ganze Schöpfung auf einmal erschaffen wurdet. Wie es in unserem Buch steht, ich und ihr waren eins. Ein Gedanke. Ja, meine Freundinnen und Freunde, wir waren ein Gedanke und sind immer noch ein Gedanke. Das, meine Freundinnen und Freunde, ist die ursprüngliche Schöpfung. Wie es in euren Heiligen Werken geschrieben steht, erschuf GOTT den Menschen, nicht Männer, MENSCHEN. Ich bin weit genug gegangen zu dieser Zeit. Ich hatte eine große Zufriedenheit, meine Freundinnen und Freunde, als ich euch den Beginn beschrieb, wie er wirklich ist.

Ich würde gern dieses Mal über die Zukunft dieser Gruppe sprechen. Während sich unser Plan entwickelt, ist es recht offensichtlich, dass sich eure Aktivität erhöhen wird. Es tut mir sehr leid, dass ihr nur das eine Tonband habt, das ihr den neuen, interessierten Leuten vorstellen könnt. Es erfüllt jedoch seinen Zweck und, wenn es nötig ist, werdet ihr mit ausreichend Ausstattung, versorgt werden, um weiterzumachen. Ich bin sehr zufrieden mit euren Bemühungen soweit.

Manchmal wird es entmutigend sein, aber es wird viele Menschen zum Nachdenken bringen. Das, meine Freundinnen und Freunde, ist sehr, sehr wichtig. Diese Menschen, die ihr kontaktiert habt, sind nicht verloren. Ihr werdet feststellen, dass sie nach Mehr fragen. Ich beobachte und helfe die ganze Zeit. Ich und meine Brüder arbeiten ständig mit euren Leuten. Ich bin sehr glücklich, dass ihr durch eure Bemühungen zwei Gruppen organisiert habt. Ich bin sehr froh zu sagen, dass wir sehr, sehr zufrieden sind mit ihren Bemühungen. Wir helfen ihnen und konditionieren sie mit unserer Liebe und Erkenntnis.

Ich bin euer Lehrer Hatonn. Adonai, meine Freunde. Ich bin in eurer Liebe und eurem Licht. Ich bin eure Liebe und euer Licht. Adonai.

(Hatonn kam nach unserer regelmäßigen Botschaft zurück.)

Ich bin Hatonn. Ich habe eurer Unterhaltung heute Abend zugehört. Ich bin sehr dankbar für die Gelegenheit, an diesem Abend zu euch zu sprechen. Ich habe diesen Abend genossen und ich bin sehr beeindruckt von eurem Denken. Ich bin auch erstaunt über eure Erkenntnis. Ich bin sicher, dass ihr etwas Anderes wahrgenommen habt.

Ich habe eine lange Zeit auf euch gewartet, meine Freundinnen und Freunde, um tatsächlich eine meiner Botschaften zu besprechen. Es hat mir sehr viel gegeben. Ich freue mich auf unser nächstes Treffen. Meine Freundinnen und Freunde, das ist ein wenig neu für euch. Dies ist das erste Mal in meinem Kontakt mit euch, dass ich mich gedrängt genug gefühlt habe, euch dies zu sagen. Es ist sehr tröstend für euren Lehrer. Ich bin sehr, sehr erfreut mit euch, meine Freundinnen und Freunde. Ich bin, wie ihr sagen würdet ... ich brenne darauf, mit unserem neuen Thema weiterzumachen. Ich verlasse euch nun. Ich bin Hatonn. Ich bin in Einheit mit allen von euch. Ich bin alle von euch. Adonai, meine Freundinnen und Freunde. Ich bin. Ich bin. Es gibt nur Einen.

Adonai Vasu Borragus.

Donnerstag, 30. April 1959

Regelmäßiges Treffen

Ich bin Hatonn. Grüße, meine Freundinnen und Freunde. Ich bin sehr froh, heute Abend mit euch sprechen zu können.

Ich fürchte ein wenig, dass ich mit unserem neuen Bereich von Erkenntnis nicht fortfahren kann. Vielleicht später.

Ich kann nicht ganz verstehen, was mit dem Denken dieser Gruppe passiert ist. Ich versuche, die Schwierigkeit zu analysieren. Ich habe ein paar Ideen, es ist jedoch zu früh, um sie zu loben. Es ist nicht so schwierig. Dass ihr fast das Denken aufgebt.

Dies ist der Weg des Lebens und er ist sehr einfach. Liebe ist natürlich. Sie repräsentiert die Schöpfung. Dieses Wort Liebe ist die Schöpfung. Es ist die natürliche Art zu leben. Es ist anstrengend, anders zu denken.

Eure Leute haben sich selbst absichtlich ermüdet, indem sie in die falsche Richtung gedacht haben. Warum werden eure Leute alt? Warum? Sie fügen sich das selbst zu. Gedanken der Liebe sind alles, was ihr haben müsst. Warum mehr erschaffene Gedanken des Menschen aufnehmen und eure Leute hassen? Das, meine Freundinnen und Freunde, ist der Grund für all eure Schwierigkeiten, eure Krankheiten. Sie werden alle durch euer negatives Denken hervorgebracht. Denkt an Liebe und ihr werdet in perfekter Harmonie mit der Schöpfung sein. Liebe, keine besitzende Liebe, sondern Liebe. Eine Liebe für jeden. Warme Gedanken für euren Nachbarn. Sie, meine Freundinnen und Freunde, sind ihr. Trotz dem, was ihr von gewissen Leuten auf eurem Planeten denkt, sie sind ihr. IHR. Ich versuche, euch einzuprägen, dass es viel, viel einfacher ist, jeden zu lieben. Das, meine Freundinnen und Freunde, ist natürlich. Das, meine Freundinnen und Freunde, ist der Schöpfer. Das seid ihr.

Ich hatte das Vergnügen, dich Harold, mein Sohn, zu konditionieren. Ich habe dich kontaktiert und dich fortwährend konditioniert. Ich bin sehr erfreut mit deinen Bemühungen, dich selbst zur Verfügung zu stellen, mein Sohn. Ich bin mir über die wenigen, aufgetretenen Schwierigkeiten bewusst. Ich bin mir jedoch sicher, dass es höchstens ein paar weitere Wochen dauert. Ich schlage vor, dass ihr damit fortfahrt, euch so oft ihr könnt zur Verfügung zu stellen. Ich habe unseren Kontakt genossen.

Ich freue mich auf den Abend, meine Freundinnen und Freunde, wenn ich mit dem neuen Bereich von Erkenntnis fortfahren kann. Glaubt mir, meine Freundinnen und Freunde, er ist sehr, sehr interessant, aber ihr müsst bereit sein.

Ich bin Hatonn. Adonai, meine Freundinnen und Freunde, ich verlasse euch in der Liebe und im Licht des unendlichen Vaters, Adonai.

Donnerstag, 7. Mai 1959

Regelmäßiges Treffen

Ich bin Hatonn. Ich grüße euch in der Liebe und im Licht des unendlichen Schöpfers. Grüße, meine Freundinnen und Freunde, ich bin sehr froh, heute Abend zu euch sprechen zu können.

Ich bin immer sehr erfreut, wenn ihr euer Treffen habt. Dies gibt mir eine Gelegenheit, fast, wie ihr sagt, von Angesicht zu Angesicht zu euch zu sprechen. Ich habe euren Unterhaltungen heute Abend zugehört, und ich bin sehr glücklich zu sagen, dass ich euren Sinn für Humor genossen habe, und auch eure Diskussion über die kleine Botschaft, die ich am anderen Abend gegeben habe. Ich werde euch später etwas mehr erzählen.

Ich bin mir bewusst, dass nicht eure ganze Gruppe an diesem Abend anwesend ist. Ich hätte gern mit unserer Besprechung des neuen Bereichs von Erkenntnis weitergemacht. Ich würde lieber warten, bis die ganze Gruppe anwesend ist.

Ich möchte nun eine Ankündigung machen. Es ist eine sehr frohe Ankündigung. Ich frage mich, ob ihr vielleicht schon wisst, was es ist. Hinweise sollten es euch gesagt haben. Ich bin mir bewusst, dass es einer oder zwei schon wissen. Der Rest denkt nicht nach. Denkt, meine Freunde.

Ich werde meinen Sohn Harold fragen, ob er es weiß. Würdest du es ihnen bitte sagen, mein Sohn? „Hat es etwas mit meiner Entwicklung zu tun?" Nein, mein Sohn, nicht deiner Entwicklung. Am Anfang meiner kleinen Nachricht habe ich euch etwas gesagt. Der Schlüssel steckte im ersten Teil meiner Nachricht. Ich bin froh, sagen zu können, dass dieses Instrument ihn sofort erkannt hat. Ich kündigte an, dass ich mit dem neuen Bereich von Erkenntnis fortfahren würde. Die vollständige Gruppe ist nicht anwesend, und die frohe Ankündigung, die ich zu machen habe, ist: Eure Gruppe, als Ganzes, ist bereit. Das, meine Freundinnen und Freunde, ist sehr, sehr wichtig. Ich werde stattdessen einige andere Dinge besprechen und bis zu unserem nächsten Treffen warten, um mit dem neuen Erkenntnisbereich fortzufahren.

Leben für die Meisten, werde ich sagen, von euch Menschen ist sehr, sehr komplex. Sie sind verwirrt. Sie wissen nicht, warum sie hier sind. Sie wissen nicht, warum einige von ihnen sehr hart arbeiten müssen, um sich einen Lebensunterhalt zu erkämpfen, wie ihr es nennt. Sie wollen es offensichtlich nicht wissen, weil sie zu sehr in all diese Verwirrung verwickelt sind. Alles, was sie tun, ist, sich zu beschweren und weiterzumachen wie vorher. Wenn sie nur nachdenken würden. Wenn sie nur wüssten, dass, was sie tun, Liebe ist. Jede Form von Beschäftigung oder Aktivität von jeglicher Art sollte ein Akt der Liebe sein. Dann wäre ihre Arbeit keine Mühe, und auch wenn sie nicht so viel wie Andere haben, würden sie letztendlich bemerken, dass sie so viel und mehr als Andere haben. Sie hätten das Verständnis des Schöpfers. Meine Freundinnen und Freunde, mehr als das könnt ihr nicht haben. Das ist alles, was es gibt. Materie ist eure Idee. Göttlicher Geist ist die Idee des Vaters. Lebt nicht in Materie, lebt in göttlichem Geist. Das, meine Freunde, ist euer Königreich des Himmels, von dem in euren Heiligen Werken gesprochen wird.

Es gibt viele, viele Menschen auf eurem Planeten, die leben, wie ihr sagen könntet, als Könige und Königinnen. Glaubt mir, meine Freundinnen und Freunde, alles, was golden ist, ist nicht, wie ihr denkt. Ich hatte das Vergnügen und die Gelegenheit, viele, viele Menschen zu sehen, die wie Könige gelebt haben. Sie sind unglücklich. Sie leben nur für Materie. Sie sind leer. Liebe ist nicht materiell, Liebe ist spirituell, und Liebe, meine Freundinnen und Freunde, ist alles, was es gibt. Ich freue mich darauf, euch wesentlich mehr zu erzählen, über Seele und die Wahrheit des Lebens, wie sie jetzt zu dieser Zeit ist, und wie sie war und immer sein wird.

Ich werde nun etwas Anderes besprechen, meine Freundinnen und Freunde, um zu diesem Zeitpunkt zu unserem neuen Instrument, Harold, zu sprechen. Ich habe dich konditioniert, mein Sohn, für eine sehr kurze Zeitperiode. Ich bin sehr erfreut über deine Bemühungen. Gibt es eine Frage, die du gerne stellen möchtest? „Ja, in den letzten Tagen, gab es da eine Veränderung in der Konditionierung, so dass es Momente gab, in denen mir Eindrücke von bestimmten Worten gegeben wurde, zeitgleich mit der Konditionierung?" Ja, mein Sohn, du hast Eindrücke empfangen. Und in einer kurzen Zeitperiode wirst du wissen, was zu tun ist. Es wird dir gegeben werden. Sei jetzt nicht besorgt. Du wirst [es] wissen und du wirst [darauf] reagieren, wenn die richtige Zeit ist. Ich werde eine weitere Frage beantworten, mein Sohn. „Mir fällt im Moment nichts Weiteres ein."

Ich werde euch nun verlassen und freue mich auf unser Treffen am nächsten Donnerstagabend.

Adonai, meine Freundinnen und Freunde. Ich bin Hatonn.

Freitag, 8. Mai 1959

Bei Walter

Ich bin froh, dass ich an diesem Abend mit euch sprechen kann. Ich bin Hatonn. Ich grüße euch in der Liebe und im Licht des Unendlichen Schöpfers.

Es ist sehr bald, meine Freundinnen und Freunde, wenn alle von uns im Dienst versammelt sein werden. Während ihr mit eurem Verständnis weitermacht, wird sich eure Entwicklung verstärken und bald werden wir zusammen sein. Ich habe sehr großes Glück, ein Instrument zu haben, das ich kontaktieren kann. Ich habe es genossen mit euch zu sprechen, die Zeit wird jedoch kommen, wenn ihr nicht nur in der Lage sein werdet, meine Nachricht zu hören, sondern ihr werdet mich in Person sehen können. Dann werde ich euch wirklich unterrichten, meine Freundinnen und Freunde. Wir werden dann unseren wirklichen Unterricht beginnen, sagen wir; und dann wird euch das Wissen der Zeitalter gelehrt werden. Dann werdet ihr verstehen. Und dann werdet ihr in der Lage sein, eure wahre Vollkommenheit an eure Mitmenschen zu reflektieren und die Wahrheit zu lehren. Der wahre Weg des Lebens, wie er wirklich ist. Dies ist etwas, wonach es sich zu streben lohnt, meine Freundinnen und Freunde. Unsere Treffen werden sehr, sehr interessant werden. Ich werde mich so ausdrücken können, wie es wirklich ist.

Ich habe dieses Instrument für einige Zeit kontaktiert. Ich habe unsere Beziehung sehr genossen. Ich habe die Prüfungen und Schwierigkeiten genossen, die ihr durchmachen musstet. Ich sagte, genossen, es ist ein richtiges Wort. Ich habe es genossen, denn ihr habt sehr gut reagiert. Hättet ihr nicht, hätte ich es nicht genossen. Ich bin mit vielen Gruppen zuvor durch dies hindurchgegangen, und einige genoss ich nicht. Die meisten von ihnen konnten jedoch weitermachen und ich kontaktiere sie die ganze Zeit. Ihnen zu helfen und sie zu lehren, sich selbst zu erkennen. Das ist sehr wichtig, meine Freundinnen und Freunde. Ihr müsst euch selbst zuerst kennen, bevor ihr euren Mitmenschen kennen könnt. Ja, sehr wichtig.

Ich freue mich auf unsere vielen, vielen Treffen, die wir in der Zukunft haben werden. Unser Unterricht wird sehr lange gehen, meine Freundinnen und Freunde, er wird beginnen, von jetzt an. Die wichtige Sache ist, dass ihr zu einem Unterricht zusammengekommen seid und bereit seid. Das, meine Freundinnen und Freunde, ist die wichtigste Sache.

Wie ich zuvor gesagt habe, „Im Haus meines Vaters gibt es viele Wohnungen." Ich mag diesen Satz sehr und eines Tages werdet ihr diesen Satz verstehen, „Im Haus meines Vaters gibt es viele Wohnungen." Wenn ihr nur verstehen könntet, wie viele Wohnungen. Wie viele Wohnungen. Ihr habt auf einem kleinen Traum, einem sehr, sehr winzigen Traum gelebt. Es gibt so viel mehr. So viel Großartigkeit, und ihr könnt sie jetzt verwirklichen. Ihr werdet in der Lage sein, es jetzt zu erkennen, nicht später, jetzt. Und ihr könnt ein Leben der Perfektion in euren gegenwärtigen Umgebungen leben. Jeder kann, der sucht.

Ich werde euch nun verlassen. Ich hatte ein sehr angenehmes Gespräch. Ich habe es sehr genossen. Adonai, meine Freundinnen und Freunde. Ich bin Hatonn, euer Lehrer und Bruder.

Donnerstag, 14. Mai, 1959

Regelmäßiges Treffen

Ich bin Hatonn. Grüße, meine Freundinnen und Freunde. In Liebe und Licht bin ich mit euch. In Liebe und Licht bin ich euch. Ich bin in euch, und ihr seid mit mir im Haus des Vaters. Ich bin und ihr seid. Ich bin. Ich und der Vater sind eins. Ich und der Vater sind eins mit allem. Ich bin, wie ihr sagen könnt, eins mit jedem von euch. Ich bin aus dem Einen Geist. Ihr seid auch Spiegelungen des Einen Geistes. Während wir mit unseren Treffen fortfahren, werden euch viele, viele Dinge hinsichtlich eurer Einheit mit jedem Anderen, und dem Schöpfer, gesagt werden. Ich und mein Vater sind eins. Ihr und der Vater seid eins. Wie ich mit euch bin, so ist es der Vater. Wie ich ihr bin, so ist es der Vater.

Dieser Informationen seid ihr euch seit einer langen, langen Zeit bewusst. Alles, was ich tun werde, ist dieses Verständnis innerhalb jedes Einzelnen von euch wiederzuerwecken. Dazu sind wir in der Lage, falls ihr gewillt seid, euch zur Verfügung zu stellen. Da ich euch aufwecken werde, sollte ich euch vielleicht ein wenig mehr über euch selbst erzählen. Ich bin mir recht sicher, dass ihr euch selbst nicht voll wertschätzt. Glaubt mir, meine Freundinnen und Freunde, es ist ein Privileg zu sein. Und das, meine Freundinnen und Freunde, ist genau das, zu sein. Ich und ihr, seid privilegiert, zu sein. Und ihr fragt, was zu sein. Das, meine Freundinnen und Freunde, ist eine sehr wichtige Frage. Die Antwort ist, im Haus des Vaters zu sein. Seht ihr, ihr lebt im Haus des Vaters. Ihr lebt im Vater. Und wenn ihr die Vollkommenheit erreicht habt, wird es im Vater und in mir sein. Ich bin immer mit euch. Ich bin und werde immer mit euch sein.

Ich bin sehr, sehr froh, dass ich das Privileg habe, zu euch zu sprechen, jeder jedoch, jede Person auf eurem Planeten hat die Fähigkeit, uns zu kontaktieren. Ich bin und werde immer euer Lehrer sein. Ein Lehrer von Liebe und Leben, ewigem Leben. Wenn ihr dieses schöne Leben nur verstehen würdet, welches ihr zu leben privilegiert seid. Dies, meine Freundinnen und

Freunde, ist ein Geschenk, das nur der Vater geben kann. Wenn ihr nur ein sehr kleines Stück dieses Geschenkes jetzt wertschätzen könntet. Wenn ihr nur realisieren könntet, in welch wahrlich wundervollem Aufgebot[7] von Liebe ihr lebt, und ihr seid von Beginn an in diesem Zustand gewesen. Ihr habt dieses Geschenk eures einen, und nur einen, Vaters von jetzt an zu genießen.

Ich und meine Brüder haben Schwierigkeiten unseren Enthusiasmus zurückzuhalten. Es ist schwierig, uns durch dieses Kommunikationsmittel euch gegenüber auszudrücken. Unsere Liebe für euch und unsere Verwandtschaft mit euch versuchen, eure Bevölkerungen zu durchdringen, und in nur wenig mehr Momenten, ja, meine Freundinnen und Freunde, nur ein paar weitere Momente, und alle eure Bevölkerungen werden wissen und verstehen. Unsere Momente, meine Freundinnen und Freunde, sind Jahre für euch. Eigentlich sind sie nur Momente.

Ich bin euer Lehrer, Hatonn. Adonai Vasu Borragus. Unsere Liebe ist mit euch für immer und ewig. Adonai, ich bin Hatonn.

---

[7] Im Original „array"; eine weitere, eher in der Datenverarbeitung verwendete Übersetzung, ist *Matrix*

Donnerstag, 18. Juni, 1959

Regelmäßiges Treffen

Ich bin Hatonn. Grüße, meine Freundinnen und Freunde. Ich grüße euch in der Liebe und der Erkenntnis des Unendlichen Vaters. Es tut mir sehr leid, dass ich euch nicht helfen konnte. Dies ist ein wenig ungewöhnlich. Ich beziehe mich auf den anderen Abend, als ich nicht zu euch sprechen konnte.

An diesem Abend kann ich [es], und ich habe ein Thema gewählt, von dem ich denke, dass es sehr interessant ist. Ich habe euch nun für einige Zeit keine Informationen über unser neues Thema gegeben. Ich kann das auch heute nicht tun. Deshalb habe ich ein Thema ausgewählt, das mit der Zeit viel Denken erzeugen wird.

Aus jedem Individuum kommt eine Schwingung. Diese Schwingung, wie ihr zuvor gehört habt, ist ein tiefes Verständnis der Person. Deshalb, wenn ihr in der Lage seid – ich sage wenn, weil ihr bald eines Tages dazu fähig sein werdet, die Schwingung einer Person oder eines Dings, das kein menschliches Wesen ist, zu verstehen – wird euch dies ermöglichen, alles zu verstehen, womit ihr in Kontakt kommt, denn ihr werdet fähig sein, die Wahrheit von allem zu erkennen, einschließlich euch selbst. Die Schwingung, die von einem, sagen wir, Ding abgegeben wird, ist Wahrheit. Das, meine Freundinnen und Freunde, ist Wahrheit. Ihr könnt eure Schwingungen nicht kontrollieren, sprich eure Gedanken verstecken. Eure Schwingungen sind wahrnehmbar und sie offenbaren das wahre Selbst, unverändert. Mit ihnen kann man nicht herumspielen. Dies ist Wahrheit in ihrer Reinform, und wenn ihr alles in der Schöpfung durch dessen Schwingung kennt, dann werdet ihr die vollständige Wahrheit kennen.

Ich habe dieses Thema aus einem Grund ausgewählt. Ich helfe zwei Menschen, in eurer Gruppe. Sie haben genau dieses Thema besprochen. Und sind ihm sehr nahegekommen. Ich habe mich entschieden, ihnen heute Abend mit meiner demütigen Interpretation zu helfen. Das, meine Freundinnen und Freunde, ist ein sehr interessantes Thema, denn es ist der

Schlüssel zu Wahrheit. Ich bin sehr glücklich, dass dieses Thema angeschnitten wurde. Es ist jedoch viel umfangreicher, als ich euch heute Abend gesprochen habe. Es geht weit darüber hinaus. Ihr habt nur begonnen, euer Denken in dieses Thema einzuführen. Es wäre gut, wenn sich alle von euch mit diesem Thema beschäftigen würden. Ihr werdet erstaunt sein, wie es wachsen wird. Ich bin sehr enthusiastisch, was dieses Denken angeht. Es öffnet eine weitere Tür, sagen wir. Eine sehr, sehr große Tür, und mit ein wenig Einsatz auf eurer Seite, werden unsere Leute [es] versuchen und jedem von euch helfen, der sich dafür entscheidet, seine Konzentration auf dieses Thema zu lenken. Glaubt mir, meine Freunde, ihr werdet ein vollständig neues Konzept, ein sehr schönes Konzept, eurer Schöpfung haben. Ich bin erfreut.

Ich werde zur Verfügung stehen, meine Freundinnen und Freunde, wann immer ihr euer nächstes Treffen halten könnt. Und in der Zwischenzeit empfinde ich, dass ich euch informieren muss, dass wo immer ihr seid, da bin ich auch. Ich warte geduldig, meine Freundinnen und Freunde, auf eure Erleuchtung. Ihr seid nahe. Nur eine kleine weitere Bemühung.

Adonai, meine Freundinnen und Freunde. Ich bin Hatonn.

Donnerstag, 9. Juli 1959

Regelmäßiges Treffen

Ich bin Hatonn. Grüße, meine Freundinnen und Freunde, ich bin sehr froh, mit euch heute Abend sprechen zu können. Ich bin in diesem Haus bei euch. Ich bin nun seit einiger Zeit in diesem Haus. Ich bin mit jedem Einzelnen von euch die ganze Zeit.

Ich habe eine kleine Nachricht für euch heute Abend. Ich erinnere mich an die Botschaft, die ich euch das letzte Mal gegeben habe. Ich verstehe, dass sie euch sehr wenig bedeutet hat. Ich bin sicher, dass sie ihren Zweck erfüllt hat. Ich habe für alles, was ich sage, einen bestimmten Grund. Dessen, meine Freundinnen und Freunde, könnt ihr euch sicher sein.

Wie wir hier sitzen an diesem Abend, ihr, wartend auf eine Nachricht, die ich diesem Instrument übermittle, habt ihr euch selbst viele Male gefragt, was es mit dem Ganzen hier auf sich hat. Ich weiß, ihr habt. Ich freue mich sehr, euch zu sagen, worum es hier geht, wenn ihr bereit seid. Und ihr müsst bereit sein, bevor ich euch im Detail erklären kann, worum es hier geht. Ich habe damit begonnen, aber ich kann nicht weitermachen.

Ich und meine Brüder haben zu euch gesprochen, und wir haben euch gesagt, dass es für alle von euch notwendig ist, zu meditieren. Unsere Leute haben mit euch gesprochen und euch gebeten zu meditieren, nur einige sehr wenige Minuten pro Mal. Denn durch Meditation bereitet ihr euch selbst für Wahrheit vor. Ich mache nun eine Aussage. Dass trotz dem, was ihr denkt, ihr [es] nicht verstehen würdet, wenn ich euch sagen würde, was Wahrheit wirklich ist. Euch wurden bereits Wahrheiten bis zur Grenze eures Verstehens gesagt. Ich habe viele Wahrheiten zu erzählen, wenn die richtige Zeit gekommen ist. Ich könnte hinzufügen, dass eine Wahrheit, die euch gesagt wurde, sich nicht verändern wird: dass alle von euch eins mit dem Schöpfer sind und Liebe der einzige Weg ist. Diese Liebe ist der einzige Weg, der vom unendlichen Vater erschaffen wurde. Hier, meine Freundinnen und Freunde, ist eine Wahrheit. Ich werde auch hinzufügen, dass die ganze Schöpfung eine Spiegelung des

Schöpfers ist, die perfekt und gut ist. Es gibt es jedoch [noch] viele, viele andere Wahrheiten, die, wenn sie erkannt sind, eure Erleuchtung erhöhen werden, und euch über euch selbst als eins bewusstmachen. Ich warte auf euch. Ich werde so lange fortfahren zu warten, wie ihr entscheidet zu warten. Ich bin recht vertraut mit dem Zustand eures Denkens, meine Freundinnen und Freunde. Ich könnte hinzufügen, dass sie recht normal [im Vergleich] zu Anderen auf eurem Planeten sind.

Ich bin sehr froh, dass ihr mit eurer Gruppe weitermacht. Ich habe andere [Gruppen] beobachtet, die nicht weitergemacht haben, in einer Phase wie dieser. Es hat die Konditionierung eures neuen Instruments verlangsamt. Wir konditionieren noch alle von euch.

Ich würde gern einige Worte zu unseren neuen Stimm-Instrumenten sagen. Ich und meine Brüder konditionieren Beide von euch für eure neuen Aufgaben in den Diensten. Macht euch weiter verfügbar.

Adonai, meine Freundinnen und Freunde, ich bin Hatonn.

Donnerstag, 13. August 1959

Regelmäßiges Treffen

Erstes Treffen nach den Ferien

Ich bin froh, bei euch zu sein heute Abend, meine Freundinnen und Freunde. Ich bin Hatonn. Grüße aus dem Licht und der Liebe unseres unendlichen Vaters. Grüße von unserer Bevölkerung draußen im Weltall. Ich bin sehr froh, zurück bei euch allen zu sein.

Ich bin mir darüber bewusst, dass es ein bisschen schwierig für euch während der letzten drei Wochen gewesen ist. Ich bin ein wenig nicht in der Lage dazu, einen Blick in die Zukunft dieser Gruppe zu werfen. Das mag komisch klingen. Ich bin für eine Periode von ungefähr einem Jahr eurer Zeit bei euch gewesen. Während dieser Zeit hatte ich die Freude, eure Gruppe persönlich zu unterrichten. Ich kann euren Fortschritt für den Zeitraum, den ich genannt habe, nicht evaluieren. Ihr seid euch bewusst, dass es recht unmöglich ist, Null zu evaluieren. Es tut mir sehr leid, dass das mein Bericht ist.

Wir, meine Freundinnen und Freunde, haben eine große Menge Zeit. Ich werde [es] weiterhin probieren und eurer Gruppe helfen. Ich werde das weiterhin tun, denn ich bin mir sicher, dass ihr euch früher oder später der Wichtigkeit unserer Lehren bewusst werdet. Ich würde jedoch vorschlagen, dass ihr ernsthaft plant, dass ihr euch für eure Lehrerinnen und Lehrer öffnet und auch zueinander. Das, meine Freundinnen und Freunde, ist das Ziel einer Gruppe. Dass ihr euch gegenseitig helfen mögt. Ich bin bereit, mit unseren Lehren fortzufahren, wann immer ihr vorbereitet seid. Ich werde weiterhin einmal pro Woche durch ein Instrument zu euch sprechen, so lange, wie ihr euch trefft. Wir haben große Geduld.

Ich würde zu diesem Zeitpunkt gern über die zwei neuen Stimm-Instrumente sprechen, die wir konditionieren. Ich würde dem Instrument zur Linken dieses Instruments gerne sagen, dass wir deine Probleme verstehen und wir die Konditionierung nicht gestoppt haben. Sobald du stoppst, wirst du dir dessen bewusst sein. Ich würde gern zu dir sprechen, Walter. Ich habe dies zu sagen: Dass du in einer sehr kurzen Länge von Zeit so empfangen und sprechen können wirst, wie dieses Instruments es im Moment tut.

Ich würde gern zu unseren Instrumenten sprechen, die ihre Botschaften durch Gedankenprojektion empfangen und die Nachrichten auf Papier aufzeichnen. Euer Dienst ist von höchster Wichtigkeit. Versucht es fortzusetzen, wann immer es passend ist.

Ich hoffe, dass wir eine größere Menge an Fortschritt dieses kommende Jahr haben werden. Ich werde alles tun, was ich kann. Ich habe es genossen, wieder mit euch zu sprechen, meine Freundinnen und Freunde, und wenn ihr in der Lage seid, denkt an unsere Leute, wie sie versuchen, euren Leuten zu helfen, und antwortet mit Liebe.

Ich bin Hatonn. Adonai, meine Freundinnen, Freunde und Studierenden.

Adonai Vasu Borragus.

Donnerstag, 3. September 1959

Regelmäßiges Treffen

Ich bin Hatonn. Grüße, meine Freundinnen und Freunden. Ich bin sehr glücklich, heute Abend zu euch sprechen zu können. Ich und meine Brüder grüßen euch in der Liebe und im Licht des unendlichen Vaters. Unsere Leute freuen sich mit großen Erwartungen auf den Tag, wenn eure Leute zum wahren Weg des Lebens erleuchtet sind. Das, meine Freundinnen und Freunde, ist unvermeidbar. Wir wissen das sicher.

Jede Ecke eures Kontinents, und alle anderen Kontinente auf eurem Planeten, entwickeln Gruppen wir eure. Diese Gruppen werden von unseren Leuten auf ziemlich die gleiche Weise kontaktiert, wie ihr kontaktiert werdet. Es gibt jedoch einige Gruppen, die ausreichend fortgeschritten sind, um ihre Lektionen mit Hilfe einer unserer Brüder zu empfangen, der bei ihnen ist und direkt zu ihnen spricht. Ich werde das Gleiche tun, wenn eure Gruppe bereit ist. Wie bald werdet ihr bereit sein? Das, meine Freundinnen und Freunde, hängt ganz von jedem von euch ab. Ich hoffe, es wird bald sein.

Ich habe heute Abend ein paar Worte durch dieses Instrument zu euch zu sagen. Ich werde dann meinen Kontakt zu eurem neuen Instrument übertragen. Ich habe dies nun zu sagen: In der nahen Zukunft, meine Freundinnen und Freunde, werde ich eine Ankündigung machen. Diese Ankündigung wird eure Gruppe in einer gewissen Weise betreffen. Ich möchte euch dies nun sagen, denn sehr bald werde ich diese Ankündigung machen, die ich gerade erwähnte.

Ich bin sehr glücklich, in der Lage zu sein, euer neues Instrument zu kontaktieren. Ich werde ihn nun kontaktieren. Bist du bereit, Walter?

Walter: Ja.

Entspanne dich einfach.

Ich bin wieder bei dir. Dieses Instrument war sich seines Kontaktes nicht sicher. Es ist sehr neu für ihn, und er scheint ein wenig nervös. Das ist verständlich. Es ist eine ganz schöne Erfahrung, wenn man sie zum ersten Mal macht. Später wird es natürlicher für ihn sein. Dies ist nur ein Versuchskontakt. Ich versichere euch, der Kontakt wird sich verbessern. Wir sind höchst erfreut, dass wir ein weiteres Instrument haben. Alle werden gebraucht werden in den Tagen, die kommen. Ich bin sicher, wir werden viele angenehme Kontakte mit diesem Instrument haben. Ich bin sicher, seine Nervosität wird in einer sehr kurzen Zeit verschwinden ... Die Verzögerung tut mir leid. Dieses Instrument verlor [den] Kontakt. Ich glaube, dies ist genug für dieses Mal. Vielleicht können wir später länger sprechen. Ich bin sehr froh, dass ich diesen Kontakt gemacht habe. Ich lasse euch zurück mit Liebe und Segnungen.

Adonai Vasu, Vasu meine Brüder und Schwestern, Vasu.

Donnerstag, 24. September 1959

Regelmäßiges Treffen

Ich bin Hatonn. Wie ihr heute Abend hier sitzt und auf meine Botschaft wartet und euch fragt, was euch heute erzählt werden wird, stehe ich hier und schaue auf jeden von euch. Ich bin nicht im Raum mit euch heute Abend, jedoch kann ich jeden Einzelnen von euch sehr klar sehen, auch wenn ihr nur sehr kleines Licht in eurem Raum habt. Licht; ihr habt alles, was es gibt. Das göttliche Licht des Unendlichen Vaters. Jeder von euch hat die gleiche Menge an schöpferischem Licht, genau die gleiche, aber eure spirituelle Bewusstheit dieses Lichts, die ist verschieden, und warum sollte sie es sein?

Alle von euch kamen zur gleichen Zeit zusammen. Alle von euch haben die gleichen Informationen empfangen, Woche um Woche. Warum sind manche höher als andere? Ich kann euch dies sagen, jeder Einzelne von euch war zu Beginn am Suchen und, auch wenn der größte Teil eures Suchens in der Form von Neugierde war, habt ihr zumindest gesucht. Eine große Zahl von Menschen ist neugierig, aber nicht genug, um es ernsthaft zu verfolgen. Das unterscheidet euch. Ihr wart bereit weiterzumachen, und ihr habt eine ganze Weile lang weitergemacht, entsprechend eurer Zeit. Ich bin mir bewusst, dass die Neugierigkeit nachgelassen hat, und ihr nun das Interesse verloren habt. Vorher habt ihr gesucht, [und] ihr wusstet nicht was, und jetzt wisst ihr immer noch nicht, was, aber es hat sein Mysterium verloren. Neugierigkeit ging verloren, Realität hat ihr Gesicht gezeigt. Das macht einen Unterschied.

Meine Freundinnen und Freunde, ich habe euch viele, viele Male gesagt, dass dies Ernst ist, kein Jux. Das, meine Freundinnen und Freunde, ist der Weg des Lebens, kein Weg von Religion oder Regierung. Das sollte von großer Wichtigkeit für euch sein und später werdet ihr verstehen, wie wichtig der Weg des Lebens ist. Das, meine Freundinnen und Freunde, ist eine Gelegenheit. Wir bieten euch den Weg des Lebens an, frei, Befreiung von allem, außer Glück. Das bieten wir euch an.

Alles, was ihr tun müsst, meine Freundinnen und Freunde, ist euch selbst zu [er]kennen. Wirklich euer wahres Selbst zu kennen, und dann euren Mitmenschen eure Entdeckungen mit Liebe und Verständnis zu demonstrieren. Das ist alles.

Ich werde dieses Instrument nun verlassen und meinen Sohn, Walter, kontaktieren.

Ich bin jetzt hier. Es gibt mir große Freude, bei unseren Treffen wie diesem durch dieses Instrument zu sprechen. Es ist exzellentes Training für die kommende Arbeit. Es ist viel besser, wenn ihr unter Freunden seid. Ihr seid gelassen, entspannter und wir können einen viel besseren Kontakt haben.

Ich freue mich darauf, dass unser anderes Instrument sehr, sehr bald spricht. Er hatte viele Prüfungen und Schwierigkeiten, sagen wir, aber die Zeit ist fast hier. Ich glaube, er ist sich stärkerer Konditionierung zu dieser Zeit bewusst. In der nahen Zukunft werden wir unseren Kontakt herstellen.

Es werden Andere kontaktiert werden in dieser Gruppe, so wie dieses Instrument kontaktiert wird. Alle von euch haben einen Platz im Dienst des Vaters. Wie ich euch zuvor gesagt habe, haben alle von euch diesen Weg vor langer Zeit gewählt. Wir helfen euch dabei, diese Entscheidung zu erfüllen. Eine Entscheidung, euren Menschen Dienst zu bringen, zu dieser Zeit in der Geschichte eurer Erde.

Wie ich zuvor gesagt habe, ist dies kein Scherz. Dies ist ernst. Es ist so bedeutsam für eure Bevölkerungen, den wahren Weg des Lebens zu lernen. Das Leben, das euer Vater vor langer, langer Zeit erschuf. Diese Art des Lebens hat sich nicht verändert. Es sind nur die Menschen, die sich verändert haben. Viele, viele eurer Brüder und Schwestern haben diese Art des Lebens entdeckt und leben glücklich in den vielen, vielen Bereichen der Schöpfung des Vaters. Es ist Zeit für die Menschen der Erde, sich mit ihren Brüdern und Schwestern in diesem Lebensweg zu verbinden, und es ist notwendig, jetzt damit zu beginnen. Jetzt, nicht später, sondern jetzt.

Während ihr fortschreitet in eurem Training, werden euch viele Dinge den Weg leuchten. Verständnis wird mehr Verständnis aufbauen, mit dem ihr euren Mitmenschen helfen könnt. Man muss sich selbst helfen. Man muss lernen und wissen, was zu tun ist, um Anderen zu helfen. Dies versuchen wir zu tun. Euch zu helfen, euch selbst zu helfen. Wir haben niemandem Schaden gebracht. Alles, was wir angeboten haben, ist Liebe und Verständnis. Ich glaube, niemand hier kann irgendetwas Falsches darin sehen. Liebe und Verständnis für eure Mitmenschen. Damit könnt ihr große Höhen in der Schöpfung des Vaters erreichen. Wir verstehen, dass viele Dinge euch jetzt so wichtig erscheinen, aber sind sie wirklich wichtig? Wenn ihr nur denkt, wirklich denkt, meine Söhne und Töchter, werdet ihr wissen, dass das, was wir gesagt haben, wahr ist. Wir bringen euch nur Liebe, das ist alles. Alles, worum wir bitten, ist, dass ihr diese Liebe beantwortet. Nicht an uns, sondern an eure Mitmenschen auf dem Planeten Erde. Sie wird so gebraucht. Wenn ihr nur wüsstet, wie sehr diese Liebe gebraucht wird.

Ich glaube, ich habe lange genug für dieses Mal gesprochen, und meine Abschiedsbemerkung ist dies: Liebt, liebt euch gegenseitig, das ist der Grund für euer Sein. Liebt einander. Ich lasse euch nun zurück mit meiner Liebe und meinen Segnungen und Wünschen für ein größeres Verständnis unter euch. Ich bin Hatonn. Adonai Vasu Borragus.

Ich bin jetzt hier, meine Freundinnen und Freunde, und spreche zu euch durch dieses Instrument. Dies ist eine sehr glückliche Zeit für mich. In der Lage zu sein, nicht nur ein Instrument, sondern zwei zu kontaktieren. Das ist Fortschritt, meine Freundinnen und Freunde. Das ist eine Gelegenheit. Ihr seid bereit für diese Gelegenheit. Nutzt diese Gelegenheit nun. Früher oder später werdet ihr. Macht es jetzt.

Ich bin euer Lehrer Hatonn. Adonai Vasu, meine Freundinnen und Freunde, in Liebe und Licht grüße ich euch, in Liebe und Licht verlasse ich euch. Adonai Vasu Borragus.

Donnerstag, 1. Oktober 1959

Regelmäßiges Treffen

Ich bin Hatonn. Grüße, meine Freundinnen und Freunde, ich bin sehr froh, heute Abend zu euch zu sprechen. Ich bin mir bewusst, dass nicht die ganze Gruppe heute Abend anwesend ist. Mir ist auch bewusst, dass dies nicht daran liegt, dass sie heute nicht gerne hier sein würden.

Ich war bei euch den anderen Abend, als ihr euch im Haus von *(Name)* getroffen habt. Ich bin sehr froh, dass die Gruppe entschieden hat, ein Interesse an unserer Arbeit zu hegen. Und ihr hattet recht, dass ich mit unseren Botschaften nicht weitergehen würde, bis ihr bereit wärt. Ich beabsichtige mit dem neuen Bereich von Erkenntnis fortzufahren, ich werde jedoch warten, bis jeder in der Gruppe anwesend ist.

Ich habe eine Nachricht für euch heute Abend, von der ich mir sicher bin, dass sie eurem Verständnis von Leben, wie es erschaffen wurde, helfen wird. Ich habe die ursprüngliche Schöpfung bereits mit euch besprochen. Diese Botschaft habt ihr. Ich werde einen Teil dieser Botschaft darlegen und vielleicht ein oder zwei Fragen beantworten.

Ich kann euch nicht sagen, wie der Anfang begann, ich kann euch jedoch sagen, was bei der Erschaffung des Menschen stattgefunden hat. Am Anfang erschuf der Schöpfer den Menschen als Gedanke, nur Gedanke vom Schöpfer, der spirituell ist. Dieser Gedanke wurde nach Außen erweitert. Zu diesem Zeitpunkt wurde alles erschaffen, was ist. Das, meine Freundinnen und Freunde, ist sehr wichtig. Alles in der Schöpfung wurde dann erschaffen. Nicht ein Teil, sondern alles wurde dann erschaffen. Dies ist auch sehr wichtig. Es gibt viele, viele Bewusstseine um euch herum, über die ihr euch nicht bewusst seid. Ihr solltet es sein, aber wegen eurer Begrenzungen, die der Mensch sich selbst auferlegt habt, seid ihr sehr, sehr begrenzt zurückgelassen. Nun, die Schöpfung, ich werde sagen, der Mensch, entschied, sich selbst auszudrücken, und da er die Kraft des Denkens hatte, das sich vom Einen Geist, dem Schöpfer, abspiegelt, sammelte der Mensch durch sein Denken die Schöpfung, wie sie heute ist, um sich herum an, und arrangierte sie entsprechend des Menschen, nicht des Schöpfers, sondern des Menschen.

Am Anfang, meine Freundinnen und Freunde, erschuf der Schöpfer alles und das war das Ende der Schöpfung. Nicht mehr, nicht weniger. Sie hat sich nie verändert, allerdings, für den Schöpfer, für den Menschen aber ändert sie sich ständig. Das, meine Freundinnen und Freunde, ist, was wir versuchen, euch zu offenbaren. Dass dies ein perfektes, harmonisches Universum ist. Es verändert sich nicht. Es ist genau so, wie es am Anfang war, und es ist unendlich. Ihr seid unendlich. Ihr seid euch, und ihr werdet von jetzt an euch sein. Nicht in der Form, in der ihr jetzt seid, und ich könnte hinzufügen, dass ihr verschiedene Formen vorher hattet. Euer wahres, geschöpftes Bewusstsein hat sich nie verändert. Nur eure Ideen der Schöpfung verändern sich.

Ich bin sehr, sehr glücklich, in aller Ernsthaftigkeit zu euch sprechen zu können. Ich bin sehr, sehr erfreut. Ich würde zu dieser Zeit sehr gern eine Frage oder zwei beantworten. Vielleicht hat einer von euch eine Frage oder ihr versteht einen bestimmten Teil meiner Botschaft nicht.

Harold: Ich habe eine Frage. Das Bewusstsein, dessen wir uns jetzt bewusst sind, zum jetzigen Zeitpunkt, ist dies das Bewusstsein, welches am Anfang erschaffen wurde, oder ist es nur ein Teil des Bewusstseins, das erschaffen wurde?

Ich bin sehr froh, diese Frage zu beantworten, mein Sohn. Am Anfang wurdest du erschaffen als eine Essenz, könnten wir sagen. In anderen Worten seid ihr ein Teil des Einen Geistes. Dieser Geist erschuf euer Bewusstsein, ich werde sagen zu dieser Zeit, und euer Bewusstsein ist das Gleiche gewesen und wird es [immer] sein. Eure Bewusstheit eures Bewusstseins zum jetzigen Zeitpunkt, ich fürchte, das kann ich nicht beantworten, denn ich bin mir nicht sicher, dass ihr euch eures Bewusstseins zur jetzigen Zeit bewusst seid, mein Sohn. Vielleicht könntest du dies ein wenig weiter mit mir besprechen.

Harold: Nun, wäre mein Bewusstsein das, worauf wir uns als mein höheres Selbst bezogen haben, dessen ich mir in meinem jetzigen Zustand überhaupt nicht bewusst sein mag. Ist es das, was du meinst?

Du, mein Sohn, zum jetzigen Zeitpunkt, hast noch nicht einmal begonnen, dein ursprüngliches Bewusstsein zu kontaktieren. Du gehst in die richtige Richtung, aber bis du in der Lage bist, dieses Bewusstsein zu erreichen oder anzuzapfen, wirst du dir des erschaffenen Bewusstseins nicht gerade bewusst sein. Wenn du es aber tust, mein Sohn, und du wirst, wirst du [es] wissen. Dort, mein Sohn, liegt alle Erfahrung und in diesem ursprünglichen Bewusstsein wirst du all deine Antworten finden. Das bedeutet nicht, dass ich nicht versuchen werde, deine Fragen zum jetzigen Zeitpunkt zu beantworten, denn ich versuche, diese Erleuchtung zu fördern. Ihr, zu diesem Zeitpunkt, seid euch über etwas bewusst, das ihr Bewusstsein nennt. Es gibt viele Interpretationen dessen, was ihr Bewusstsein nennt, aber ich glaube, ich weiß, was ihr interpretiert. Ihr seid euch, zu dieser Zeit, darüber bewusst, dass ihr, sagen wir, lebendig seid, auch eurer fünf Sinne seid ihr euch bewusst, ihr seid euch bewusst, dass ihr schmecken könnt und sehen und riechen und tasten, aber, mein Sohn, eure fünf Sinne sind sehr, sehr begrenzt, und wenn ihr euer ursprünglich erschaffenes Bewusstsein erschließen könnt, dann werdet ihr über eure begrenzten Sinne, derer ihr euch jetzt bewusst seid, hinausgehen. Etwas, mein Sohn, wonach es sich zu streben lohnt. Habe ich nicht recht?

Harold: Ja, ich denke, du hast. Ich habe nur eine weitere Frage. Du sprichst von meinem ursprünglich erschaffenen Bewusstsein. Ist das ausschließlich meines? Bin ich nur ein Ausdruck, oder gibt es andere Ausdrucksformen des ursprünglich erschaffenen Bewusstseins, die mir ähnlich sind? Es gab etwas Verwirrung hinsichtlich dieses Punktes.

Wie ich zuvor gesagt habe, mein Sohn, bist du ein Gedanke des ursprünglichen Gedankens, oder sollte ich sagen des Einen Geistes, aber es gibt noch ein paar andere, mein Sohn. Millionen, Milliarden und du, mein Sohn, seid eins mit allen von ihnen. Nun, ihr mögt oder mögt nicht in der gleichen Kategorie sein wie Andere, was das spirituelle, sagen wir, Verständnis angeht. Das ist ein weiteres sehr, sehr langes und kompliziertes Thema. Es ist sehr schwer, eure Frage zum jetzigen Zeitpunkt zu beantworten, ich werde euch jedoch nicht sagen, dass ich nicht in der Lage bin, eure Fragen zur jetzigen Zeit zu beantworten. Ich werde euch eine Antwort geben. Ob ihr sie akzeptiert oder nicht, denn mit der Zeit werdet ihr verstehen. Doch ihr seid eins mit der ganzen Schöpfung, weil ihr der Schöpfer seid, der die ganze Schöpfung erschuf. Ist das ein wenig hilfreich für euch?

Harold: Ja, das denke ich.

Jo: In anderen Worten sind wir alle dieser Menschen in dem Raum? [Nur] dass jeder in der Schöpfung in einer anderen Erfahrung lebt?

Ja, ihr seid.

Jo: Dann gibt es nur Einen.

Einer mit allem, meine Tochter, aber die Erfahrungen, die du lebst, unterscheiden sich von denen deines Nachbarn, sagen wir, doch du und dein Nachbar streben beide nach dem gleichen Ziel. Du hast eine Idee davon, wonach ihr strebt. Dein Nachbar, zu dieser Zeit, mag nicht. Deshalb, auch wenn ihr eins miteinander seid, sind deine Erfahrungen in der Vergangenheit zweifellos verschieden gewesen von denen deines Nachbarn, und dein Denken zum jetzigen Zeitpunkt unterscheidet sich zweifellos [ebenfalls] von seinem. Habe ich dich verwirrt oder deine Frage beantwortet, meine Tochter?

Jo: Nun, ich bin mir nicht sicher. Ich weiß nicht, ob ich meine Frage ausreichend klar gestellt habe. Ich meinte, wir leben im gleichen, oder in anderen Worten, ich lebe jedermanns Erfahrung, aber ich bin mir dessen nicht bewusst. Sagen wir [zum Beispiel], ich lebe die Erfahrungen aller in diesem Raum, nur bin ich mir dessen zu diesem Zeitpunkt nicht bewusst.

Lass uns sagen, du spielst eine Rolle mit jedem in diesem Raum. Du lebst keine Erfahrung für sie, aber du nimmst, aufgrund der Tatsache, dass du in einem gemeinsamen Verständnis mit ihnen zu dieser Zeit bist, eine Rolle in deinen Erfahrungen sowie in ihren Erfahrungen [ein]. Jedes Individuum muss für sich selbst streben. Niemand kann für dich einspringen. Hat das deine Frage beantwortet, meine Tochter?

Jo: Nein, weil mein Verständnis ist, dass wir alle eins sind. Falls wir alle eins sind, frage ich mich … wie kann man erklären, dass es so viele …

Ich fürchte, meine Tochter, dass du das All-Eine nicht verstehst. Als Beispiel, meine Tochter, du hast eine Familie. Du hast Kinder. Ich verwende dies nur als ein Beispiel, von dem ich empfinde, dass du es verstehen wirst. Ich mache keinen Punkt daraus. Du hast eine Familie. Du, nach dem populären Glauben auf eurem Planeten, hast deine Kinder geboren. Sie sind eins mit deiner Familie, aber jedes von ihnen wird seine eigenen Erfahrungen sammeln müssen. Dennoch sind sie eins mit deiner Familie. Verstehst du das, meine Tochter?

Jo: Ja, ich verstehe das.

Aber verstehst du, was ich sage? Verstehst du die Interpretation? Die Beziehung deiner Familie zur Schöpfung?

Jo: Ja, ich kann die eine [Beziehung] mit dem Schöpfer verstehen. Soweit kann ich [es] verstehen.

Gut, vielleicht kannst du dies mit den Anderen in der Gruppe nach meiner Botschaft besprechen und vielleicht werde ich es dir später genauer erklären können.

Ich würde gern unser neues Instrument Walter zu dieser Zeit kontaktieren.

Ich bin nun hier. Dieses Instrument wird ein wenig mehr empfänglich für meine Gedanken und er nimmt sie sehr gut auf. Ich mache dies bei euren Treffen so, um diesem Instrument eine kleine Erfahrung zu geben, die ihm sehr helfen wird. Ich bin sicher, dass es euch nichts ausmacht, wenn es ihm hilft.

Ich würde gerne unser anderes Instrument fragen, ob er meine Schwingungen zu dieser Zeit aufnimmt. Fühlst du Vibrationen auf deinem Kopf, mein Sohn?

Walter: Ja, leicht.

Entspanne dich einfach für ein paar Momente. Denke an nichts. Entspanne einfach. Ich werde versuchen, dich ihrer bewusster zu machen. Werden sie zu diesem Zeitpunkt stärker?

Walter: Ja.

Entspanne dich, mein Sohn. Fühlst du das Bedürfnis zu sprechen? Falls ja, fange einfach an.

Walter: Ich bin mir nicht sicher, ob oder ob nicht.

Vielleicht sollten wir ein wenig länger warten, mein Sohn. Fahre fort mich in Anspruch zu nehmen. Ich bin mir sicher, es wird bald sein.

Ich würde gern zu dieser Zeit eine kleine Meditation halten, was wir für einige Zeit nicht hatten. Bitte, alle von euch, entspannt euch einfach und denkt an nichts als Liebe, an Vollkommenheit, an Frieden und Harmonie. Lasst euren Geist abschweifen. Entspannt euch … ICH BIN … ICH BIN DIE WAHRE SCHÖPFUNG … ICH BIN LIEBE … LIEBE DES VATERS … ICH BIN DAS LICHT … ICH BIN VOLLKOMMEN, WIE DER VATER MICH ERSCHUF … ICH BIN LIEBE … LIEBE … LICHT UND LIEBE, DAS IST ALLES, WAS ES GIBT.

Danke euch, meine Freundinnen und Freunde. Ich würde gerne sagen, dass es eine Freude war, diese Gruppe heute Abend zu kontaktieren. Ich freue mich auf viele, viele angenehme Abende, in denen wir alle … Es tut mir leid, dass dieses Instrument einen kleinen Fehler machte. Es sollte heißen, in denen ihr alle mehr Verständnis und Liebe füreinander, und für eure Mitmenschen, gewinnen werdet.

Ich lasse euch zurück in der Liebe und im Licht. Ich bin Hatonn. Adonai Vasu Borragus, Adonai.

Donnerstag, 22. Oktober 1959

Regelmäßiges Treffen

Ich bin Hatonn. Grüße, meine Freunde. Ich bin sehr glücklich, die Gelegenheit zu haben, an diesem Abend zu euch zu sprechen.

Ich bin mir bewusst, dass einige in der Gruppe heute Abend fehlen. Ich hatte eine Gelegenheit, jeden von euch während der letzten Woche zu kontaktieren. Ich habe eine Ankündigung zu machen. Das war der Grund, warum ich mich entschieden habe, zu warten, bis die ganze Gruppe anwesend ist. Ich scheine Schwierigkeiten zu haben, darauf zu warten, dass ihr alle zusammen seid. Ich habe mich entschieden, mit der Ankündigung fortzufahren.

Unsere Leute können mit viel Liebe und Verständnis auf eure Leute blicken. Dies wurde für eine lange, lange Zeit vollbracht. In der Zukunft werden wir jedoch in der Lage sein, nicht nur mit Liebe und Verständnis auf eure Leute zu blicken, wir werden in der Lage sein, mehr zu tun als zu schauen. Wie ich euch gesagt habe, versuchen unsere Leute eure zu kontaktieren, und aufgrund der Tatsache, dass [sich] die Zahl der Menschen auf eurem Planeten [erhöht hat], die Wahrheit suchen und versuchen, sie mit verschiedenen Methoden, mit denen sie sich zur Verfügung stellen, zu empfangen, hat dies eine Art von Schwingung erzeugt, die uns [die] Stärke gibt, eure Leute zu kontaktieren. In anderen Worten, die Schwingungen auf eurem Planeten werden höher. Das ermöglicht unseren Leuten, mehr zu tun als nur auf eure Leute zu schauen. Ich habe eine sehr wundervolle Ankündigung aufgrund dieser Bedingung zu machen. Falls diese Schwingungsbedingung weiter so anhält, wird es eine sehr kurze Zeit dauern, bis ich eure Gruppe in einer physischen Form besuchen und direkt mit euch ohne die Hilfe eines Instruments sprechen kann. Das bedeutet nicht, dass es keinen Bedarf für Instrumente geben wird. Sie werden genauso sehr gebraucht werden wie jetzt, denn ich werde eure Leute nicht die ganze Zeit zu kontaktieren können, deswegen ist es unerlässlich, dass wir unsere Instrumente entwickeln und mit ihnen weitermachen.

Ich plane, heute Abend ein wenig über unseren neuen Bereich von Erkenntnis zu sprechen, ich werde jedoch die Hilfe von unseren anderen Instrumenten erbeten. Wir werden mit Walter beginnen.

Carrie: Darf ich eine Frage stellen, bitte?

Ja, du magst, meine Tochter.

Carrie: Diese Schwingungen, von denen du sprichst, haben sie irgendetwas mit den Schwingungen zu tun, die wir ab und zu erlebt haben? Würde das etwas damit zu tun haben, dass du direkt hierher kommst, oder würde es nicht?

Ich bin nicht in der Lage zu verstehen, von welchen Schwingungen du sprichst.

Carrie: Die Schwingungen, die ich meine, sind das Rumpeln, das die Menschen in dieser speziellen Region erlebt haben.

Oh nein, ich bin mir über diese auch bewusst, meine Schwester. Nein, sie sind nicht die Gleichen. Die Schwingungen, auf die ich mich beziehe, sind still. Wir sind uns jedoch der Schwingungen bewusst, an die du denkst, und ich bin froh, dir zu sagen, dass die Schwingungen, von denen du sprichst, eine Hilfe sind, keine Schwächung. Sie sind zu dieser Zeit notwendig, um fremde Elemente in eurer Atmosphäre zu neutralisieren, und vielleicht werde ich das später im Detail besprechen. Beantwortet dies deine Frage, meine Tochter?

Carrie: Ja.

Ich freue mich immer, eine eurer Fragen zu beantworten, meine Freundinnen und Freunde. Ich bin euer Lehrer und durch Fragen bin ich in der Lage, zu euch zu sprechen und euch vielleicht zu helfen. Deshalb zögert bitte nicht, Fragen zu stellen. Gibt es irgendwelche anderen Fragen zu dieser Zeit? Falls nicht, werden wir weitermachen. Falls ich darf, würde ich dich gerne kontaktieren, mein Sohn Walter.

Ich spreche nun durch dieses Instrument. Diesen neuen Bereich von Erkenntnis, mit dem wir bald beginnen werden, werdet ihr, glaube ich, sehr interessant finden. Ich habe euch einige der Dinge [bereits] erzählt und ich glaube, dass alle von euch sie recht gut verstehen. Es mag ein paar Dinge geben, die, sagen wir, nicht ganz richtig in euren Köpfen sind, aber wenn wir weitermachen, glaube ich, werden sie sich für euch aufklären … Ich kehre nun zurück. In diesem neuen Bereich von Erkenntnis werden wir [es] mit vielen Phasen zu tun haben. Von einigen dieser Dinge habt ihr zuvor gehört, wenn auch nicht in vielen Einzelheiten. Nur, sagen wir, hier und da an der Oberfläche gekratzt … Ich habe immer noch Schwierigkeiten. Vielleicht sollte ich meinen Kontakt zum anderen Instrument, Harold, überwechseln und sehen, ob diese Schwierigkeit sich aufklärt. Einen Moment bitte.

Grüße, Freundinnen und Freunde. Ich spreche nun durch dieses Instrument. Ich werde versuchen mit der Botschaft fortzufahren, die ich begonnen habe. Der neue Bereich von Erkenntnis wird nicht einfach für alle von euch zu verstehen sein, außer ihr folgt eng und denkt gründlich über die Dinge nach, die ich euch darlege. Die Informationen, die ich euch geben werde, sind komplizierter als das, was ihr in der Vergangenheit erhalten habt. Das ist der Grund, warum ich gewartet habe, bis ihr ein besseres Verständnis hattet, bevor ich mit diesem Thema begann. Ich werde fortfahren, indem ich sage, dass es in dem, was ich euch in diesen Lektionen gebe, viele Dinge gibt, die euch sehr ungewöhnlich erscheinen werden. Ihr habt nur begonnen, an der Oberfläche einiger der interessanten Dinge zu kratzen, die es über die Schöpfung zu lernen gibt. Viele der Dinge, die ich besprechen werde, werdet ihr schwer zu glauben finden, aber ich versichere euch, dass ich euch nur Wahrheit geben werde. Ihr müsst Geduld mit mir haben, bis diese Dinge schließlich in das Muster hineinpassen, das innerhalb der Philosophie von jedem von euch entwickelt wird.

Am Anfang, wie ich euch gesagt habe, wurden alle von euch vom Vater erschaffen und ihr wurdet freigesetzt, könnte man sagen, um Erfahrungen als Einzelwesen zu sammeln, sodass ihr ein Teil des Vaters sein würdet, und doch Erfahrungen als ein Individuum mit freiem Willen sammeln. Ihr habt alle als perfekte spirituelle Wesen begonnen, indem ihr ein Teil des perfekten Schöpfers seid. Millionen und Millionen und mehr, als ihr Sprache habt, um darin die Zahlen spiritueller Wesen auszudrücken, die vom Vater am Anfang erschaffen wurden. Jedes war am Anfang identisch, aber keines ist jetzt identisch. Die Äonen und Äonen von Erfahrungen, durch die jedes spirituelle Wesen gegangen ist, haben dazu geführt, dass jedes einzelne zu einer separaten und individuellen Persönlichkeit, könntet ihr sagen, geworden ist, und alle befinden sich auf verschiedenen Ebenen von Erkenntnis und Entwicklung, aufgrund verschiedener Erfahrungen. Alle suchen das gleiche Ziel, welches ist, zur Perfektion zurückzukommen, die ihr einmal hattet. Ich meine damit, dass ihr dann Vollkommenheit im Denken haben werdet, aber entsprechend eures freien Wählens. Eure Gedanken werden exakt das sein, was der Schöpfer wollen würde, dass ihr [es] denkt, und doch werdet ihr diese Gedanken aus eurem eigenen freien Willen heraus haben. Wenn ihr denken könnt, wie der Schöpfer euch denken lassen würde, und auf diese Weise denkt, weil ihr [es] wollt, dann werdet ihr euch selbst qualifiziert haben, um als ein Begleiter für den Schöpfer zurückzukommen und ein Co-Schöpfer zu sein. Es gibt einige Individuen, die es in die Nähe dieses Ziels geschafft haben, aber unserem Wissen nach hat niemand diese Perfektion vollständig erreicht. Das ist jedoch keine schlimme Sache, denn es herrscht keine Eile, was den Vater angeht. Er hat eine Ewigkeit an Zeit, um darauf zu warten, dass all seine individuellen Teile diese Perfektion erreichen, nach der alle Individuen streben, ob sie sich dessen bewusst sind oder nicht.

Der Grund, warum ihr euch als Teile des Schöpfers eures Ziels nicht bewusst sein mögt, liegt an der Tatsache, dass diese Bewusstheit vorübergehend verloren ging. Der erste, höchst wichtige Schritt ist, diese Bewusstheit dessen, wer ihr wirklich seid und was wirklich euer Ziel ist, wiederzugewinnen, bevor ihr irgendeinen schnellen Fortschritt in Richtung dieses Ziels machen könnt. Der Mensch auf diesem Planeten hat sich vom wahren Bewusstsein seiner selbst als die ursprüngliche spirituelle Schöpfung des Vaters getrennt. Der Grund, warum Meditation so wichtig ist, liegt darin, dass sie der Weg ist, mit dem ihr dieses Bewusstsein wiedergewinnen könnt und verstehen, wer und was ihr wirklich seid, und was euer Ziel wirklich ist.

Ich werde zu diesem Zeitpunkt versuchen, diesen Kontakt zurück an Walter zu übertragen.

Hatonn hier. Es tut mir leid, dass wir ein wenig Schwierigkeiten mit diesem Instrument hatten. Es scheint, ich kann nicht erkennen, woran die Schwierigkeiten wirklich liegen, ich werde es jedoch noch einmal versuchen. Wie ihr fortschreitet in diesen Lektionen, die wir dabei sind, anzugehen, werdet ihr Dinge lernen, die euch helfen werden, anderen Menschen zu helfen. Wenn ihr Lehrende für Andere sein sollt, müsst ihr lernen, wie man [die] Dinge tut. Ihr müsst in der Lage sein, diese Prinzipien zu demonstrieren, von denen wir sprechen. Ich kenne die Gedanken, die im Moment durch eure Köpfe schwirren: ‚Ich bin nicht ausreichend qualifiziert, um [es] zu zeigen. Ich kann das nicht tun.' Ihr seid in der Lage alles zu tun, wenn ihr denkt, dass ihr es tun könnt. Hier ist euer Denken so wichtig. Vor vielen Jahren sagte ein großer Lehrer auf eurem Planeten: „Diese Dinge, die ich tue, könnt auch ihr tun und noch größere." Das waren keine falschen Worte, meine Freundinnen und Freunde, sie sind wahr. Ihr könnt diese Dinge tun, wenn ihr die Bemühung aufbringt und denkt und glaubt, dass ihr sie tun könnt. Dies wird von eurer Bemühung abhängen, und ich bin froh zu sagen, dass ich glaube, dass ihr es tun könnt. Worte sind leere Dinge, wenn sie nicht durch Veranschaulichung gesichert werden können. Und durch unsere Lehren und durch euer eigenes Denken, hoffen wir, werdet ihr in der Lage sein, [sie] zu zeigen. Ihr Menschen seid sehr schwierig von irgendetwas zu überzeugen. Selbst euer Lehrer Jesus hatte Schwierigkeiten, sie zu überzeugen. Ich weiß, einige von euch glauben nicht, was ich gesagt habe, aber ich hoffe, dass ihr die Bemühung aufbringen werdet, um es zu versuchen. Ich und meine Brüder werden unser Allermöglichstes tun, um euch zu helfen.

Ich würde zu diesem Zeitpunkt gerne meinen Kontakt zurück übertragen an denjenigen, den ihr Al nennt. Einen Moment bitte.

Ich bin bei euch, und werde immer bei euch sein, denn unsere Aufgabe ist [es], euch Menschen zu helfen und euch zu leiten und zu begleiten. Wir hatten eine lange Botschaft heute Abend, deshalb werde ich euch nun verlassen, und in meinem Gehen habe ich einen Vorschlag, um ihn bei euch zu lassen: SEID VON GUTEN GEISTERN UND LIEBE. VOR ALLEM, LIEBT.

Ich bin Hatonn. Adonai, meine Freundinnen und Freunde, Adonai Vasu Borragus.

Donnerstag, 3. Dezember 1959

Regelmäßiges Treffen

Ich bin Hatonn. Grüße, meine Freundinnen und Freunde, ich bin sehr glücklich, heute Abend bei euch zu sein. Nein, ich bin nicht mit euch in diesem Raum. Ich bin nur in Worten bei euch.

Wie ich in der Lage bin, euch auf diese Weise zu kontaktieren, [so] kann ich euch auch auf eine weitere Art zu kontaktieren, die ihr verstehen werdet, wenn die Zeit gekommen ist. Wenn ihr bereit seid, mich zu sehen, werde ich da sein. Denn seht ihr, es liegt an euch, meine Freundinnen und Freunde, wie lange dies benötigen wird. Ich kann nur so viel tun, und ihr werdet finden, während wir weitermachen, dass das meiste von allem ihr selbst macht. Wir schlagen nur vor. Sehr ihr, wir können eure Gedanken nicht kontrollieren. Sie gehören euch. Wir entscheiden uns nicht dazu, [es] überhaupt zu probieren und zu versuchen, euren Geist zu kontrollieren. Jeder Gedanke, den ihr denkt, ist eurer. Ihr könnt niemand Anderem die Schuld dafür geben, außer euch selbst. Und ihr habt viele, viele Gedanken. Über einige von ihnen seid ihr euch bewusst, über andere nicht, und irgendwann werdet ihr alle eure Gedanken kennen. Und zu dieser Zeit werdet ihr wissen, warum ihr verschiedene Dinge denkt. Denn, was ihr gelegentlich in [einem] Gedanke[n] erkennt, ist nicht der wahre Gedanke; er wird verzerrt. Das ist der Grund, warum euch diese Gedanken seltsam vorkommen. Genau wie eure Träume. Ihr könnt nur einen Teil eurer Träume verstehen, deswegen sind eure Träume normalerweise verwirrend. In Wirklichkeit sind sie eine, sagen wir, Wiederholung einer anderen Periode, einer anderen Zeit.

Während ich zu euch spreche heute Abend, ist es recht offensichtlich, dass ihr euch fragt: "Werde ich jemals, jemals fähig sein zu verstehen?" Und die Antwortet lautet: „Nein." Ihr werdet niemals alles in seiner Ganzheit verstehen können, sondern euer Verständnis ist zum jetzigen Zeitpunkt praktisch null. Das ist nicht euer Fehler, meine Freundinnen und Freunde. Ihr versucht zumindest, Wissen und Erkenntnis zu erlangen, und ihr seid gewollt gewesen, mitzumachen und zuzuhören, nicht zu viel nachzudenken, sondern zuzuhören. Ihr müsst denken, meine Freundinnen und Freunde, analysieren, um euch herumschauen. Selbst die kleinste Sache, denkt über sie nach, wischt sie nicht einfach weg. Gebt ihr Denken. Alles, was euch zustößt, ist wichtig. Erkennt es an und gebt ihm seine wahre Wichtigkeit.

In dieser Phase, meine Freundinnen und Freunde, werdet ihr auf Veränderungen stoßen und sie werden immer schneller kommen, die ganze Zeit. Und mit der Zeit werdet ihr anfangen, die Entwicklung eines neuen Zeitalters zu sehen. Ein Zeitalter, wie es euer Planet noch nie gekannt hat. Dieses Zeitalter ist so verschiedenen von dem, in dem ihr jetzt lebt. Es gibt im Moment nichts, nicht eine einzige Sache, die dem gleicht, was kommen wird. Faszinierend, [und] interessant; ihr seid sehr von Glück begünstigt, denn ihr bereitet euch für diesen Wechsel vor, auch wenn ihr euch dessen nicht vollständig bewusst seid. Ihr bereitet euch selbst vor. Ihr seid von Glück begünstigt. Wir sind auch von Glück begünstigt, dass wir einige eurer Leute vorbereitet haben. Denn das ist sehr, sehr wichtig.

Einige der Bemerkungen, die in dieser Gruppe gemacht werden, erheitern mich sehr. Ich möchte für diese Gruppen sagen: Sie hat einen Sinn für Humor und das ist sehr wichtig. Diese Gruppe hat sich jede Woche getroffen, oder fast jede Woche, drei Jahre lang, und ich glaube ich kann sagen, dass alle von euch diese Treffen genossen haben. Ihr habt es genossen, euch gegenseitig Gesellschaft zu leisten, falls ihr diesen Ausdruck verwenden möchtet. Und das ist auch sehr wichtig, denn ihr Menschen in dieser Gruppe lernt, ob ihr es merkt oder nicht, miteinander zu leben; in einem Sinn des Wortes gewöhnt ihr euch aneinander. Der Unterschied zwischen Menschen ist gewaltig, aber jeder Einzelne von euch kann lernen, mit dem Anderen zurechtzukommen, ohne Konflikt, ohne Hass und ohne Missverständnisse. Und ich bin sehr froh, dass ich sagen kann, dass es sehr wenig Missverständnisse in dieser Gruppe gegeben hat. Diese Gruppe hatte mehrere, sagen wir Leerlauf-Phasen, aber das ist nur normal in den meisten unserer Gruppen. Aber nun denke ich, dass ihr lange genug zusammen gewesen seid, so dass ihr fähig seid, euch in Liebe, Harmonie und Verständnis zu treffen. Und indem ihr das tut, werdet ihr euch selbst mehr helfen, als ihr realisiert, denn, meine Freundinnen und Freunde, wir können euch nicht kontaktieren, wir können euch nicht lehren, wir können nicht sehr gut bei euch sein, wenn es keine Liebe und kein Verständnis in einer Gruppe gibt. Dies hilft sehr viel. So viele Gruppen wurden geformt, aber sie haben nicht lange gehalten und das tut uns sehr leid. Es gab Missverständnisse von diesem und jenem, von kleinen Dingen, aber falls ihr euch in Liebe und Verständnis treffen möchtet, dann müsst ihr diese Dinge zur Seite legen. Ihr müsst nach vorne schauen zu einem Ziel und euch durch nichts von diesem Ziel abbringen lassen, und nach drei Jahren des Treffens, glaube ich, dass ihr gut auf dem Weg seid. Ich bin sehr glücklich, dass ich die Gelegenheit hatte, diese Gruppe zu unterrichten und ich werde weitermachen, bis es nicht mehr notwendig sein wird, diese Gruppe zu unterrichten. Solange ihr wollt und die Anstrengung macht, stehen meine Brüder und ich euch zur Verfügung. Wir werden euch in allen möglichen Weisen helfen. Wir werden euch führen und leiten, aber nur in Liebe und Licht werden wir dies tun. Wir haben im Moment drei Instrumente in dieser Gruppe und meine Brüder und ich werden höchst erfreut sein, diese Instrumente zu verwenden, um zu anderen Menschen zu sprechen. Es gibt einige Menschen, die nur, sagen wir, das Abenteuer suchen, aber wir werden es euch, den Instrumenten, überlassen, ob ihr zu diesen Menschen sprechen möchtet oder nicht. Alle, die ernsthaft suchen, stellt euch zur Verfügung und wir werden bereit sein.

Ich habe viele, viele Dinge, die ich euch gerne sagen würde, aber mein Sprechen ist durch eure Fähigkeit, zuzuhören und euch zu erinnern, begrenzt, und ihr erinnert euch nicht an so vieles von dem, was ich sage, wie ich [es] gerne für euch hätte. So kann ich nur eine gewisse Menge bei jedem einzelnen unserer Treffen sagen.

Diese drei Instrumente werden in Zukunft sehr beschäftigt sein im Dienst, und wir würden gern sicherstellen, dass die neuen Instrumente bereit sind, wenn die Zeit kommt. Deswegen ist es sehr wichtig, dass wir bei jeder möglichen Gelegenheit durch sie sprechen, sodass sie mehr Vertrauen und Erfahrung beim Sprechen gewinnen können. Sie werden einige geringe Schwierigkeiten erleben, wenn sie vor Fremden sprechen, bis sie sich mehr daran gewöhnt haben, dies zu tun. Aber es wird nicht lange dauern, bis sie sich recht wohl fühlen, wenn sie dies tun, und es wird sie nicht im Geringsten stören. Es wird eine interessante und angenehme Erfahrung für sie sein. Dieses Instrument ist manchmal etwas besorgt, bevor der Kontakt gemacht wird, aber nachdem er etabliert wurde, stellt er erleichtert fest, dass es nicht schwierig ist, und dass er wirklich keine besondere Anstrengung machen muss. Entspannt euch einfach und überlasst alles [andere] mir. Es ist ein bisschen unglaublich, sogar für die Instrumente selbst, die Art, wie diese Kontakte funktionieren. Es ist nicht etwas, das genau in Worten erklärt werden könnte, aber das Einzige, was für sie notwendig ist, ist sich zu entspannen, und es scheint [dann wie] von selbst zu laufen. Sie müssen nicht darüber nachdenken, was gerade gesagt wird oder was als Nächstes gesagt werden wird, es scheint, soweit sie betroffen sind, einfach automatisch zu kommen.

Es gibt viele, viele Instrumente dieser Art, die auf diesem Planeten entwickelt worden sind, und viele, die gerade entwickelt werden, überall auf eurem Planeten und in jedem Land, und wir sprechen durch sie in jeder erdenklichen Sprache, die auf eurer Oberfläche verwendet wird, und wenn die Zeit gekommen ist, werden sie zur Verfügung stehen, um alle, die suchen, zu lehren und [es] ihnen zu erklären. Ich hätte sagen sollen, dass sie zur Verfügung stehen, sodass wir lehren und erklären können. Auch wenn jeder von euch viel an Suchende zu sprechen haben wird in der Zukunft. Menschen, die Informationen suchen, und nicht wissen, wonach sie überhaupt suchen, müssen ein ganz schönes Stück Hintergrundwissen haben, bevor sie wirklich bereit sind, um einen von uns durch ein Instrument zu ihnen sprechen zu lassen. Sie müssen, sagen wir, vorbereitet werden. Viele Menschen, die uns durch ein Instrument sprechen hören, werden Schwierigkeiten haben, zu glauben, was gerade stattfindet. Aber nichts wird verloren gegangen sein, wenn zu ihnen gesprochen wird. Sie werden daraus etwas gewonnen haben, ein Same wird gepflanzt worden sein, wie wir sagen, und es ist gut möglich, dass Andere, mit denen sie in Kontakt kommen, in Suchende gewandelt werden, aufgrund der Erfahrung dieser Personen, auch wenn sie kein weiteres Wissen des Dienstes und der Lehren, die wir präsentieren, verfolgen.

Deshalb würde ich allen von euch gerne sagen: Habt keine Angst, Anderen über diese Wahrheiten zu erzählen. Falls sie aufrichtig und interessiert sind, gebt uns die Gelegenheit, zu ihnen zu sprechen. Wir würden lieber zu einer großen Zahl von Menschen sprechen und nichts erreichen, wenn das wahr wäre, obwohl ich gesagt habe, es würde etwas bewirken. Wir würden dies lieber tun, als zu verpassen, zu einer Person zu sprechen, die wirklich ein Suchender werden und mehr über den Weg des Lebens des Vaters lernen wollen würde. Wir freuen uns auf die Zeit, wenn viele, viele Menschen Interesse entwickeln werden und Wahrheit suchen werden und zu euch allen kommen werden, um Antworten zu bekommen, und ihr werdet diese Antworten für sie haben, dafür werden wir sorgen.

Ihr habt bereits Antworten auf viele Fragen, die gefragt werden können, und wenn ihr sie benötigt, werden euch andere Antworten gegeben werden. Ich möchte euch nicht länger aufhalten, meine Freundinnen und Freunde. Ich bin dankbar, dass ich eure Aufmerksamkeit so lange hatte. Es ist schwierig, still zu sitzen und für diese Länge zuzuhören. Deshalb werde ich euch nun verlassen, und mögt ihr eure Suche nach weiterem Fortschritt auf dem Weg der Wahrheit und von Liebe und Licht fortsetzen.

Ich bin Hatonn, Ich werde euch nun verlassen. Adonai Vasu.

Donnerstag, 10. Dezember 1959

Regelmäßiges Treffen

Ich grüße euch, an diesem Abend, in der Liebe und im Licht unseres unendlichen Schöpfers. Ich bin Hatonn. Ich bin sehr glücklich über diese Gelegenheit.

Dieser neue Bereich von Erkenntnis, mit dem wir kaum begonnen haben, wird für euch alle schwierig zu verstehen sein, denn [die] Dinge, die wir besprechen und zu lernen versuchen werden, werden sich vollständig von eurer jetzigen Art zu denken unterscheiden. Die Art zu denken der Menschen auf diesem Planeten liegt an einer Konditionierung, durch die sie gehen, und an den Glaubensformen, die aus der Vergangenheit heruntergereicht wurden. Nur eine sehr kleine Minderheit der Menschen auf eurem Planeten hatte die ganze Zeit über die Wahrheit. Diese Menschen, die die Wahrheit über viele Dinge sorgsam, sagen wir, bewahrt haben, haben für die richtige Zeit gewartet, um diese Wahrheiten an die Öffentlichkeit weiterzugeben. Wir ihr wisst, ist die Zeit jetzt und eure Aufgaben werden in dieser Bemühung sein, indem ihr dabei helft, allen Menschen der Erde Wahrheit zu präsentieren. Es wird recht erstaunlich sein für diejenigen, die unvoreingenommen genug sind, um zu suchen und zuzuhören und die Wahrheit zu lernen, und zu lernen, wie falsch sie alle lagen. Sie werden nicht glauben können, dass so viele Menschen für eine so lange Zeit so falsch gelegen haben konnten. Die meisten Menschen der Erde haben nicht die kleinste Vorstellung davon, was Leben wirklich ist. Dies liegt teilweise am Leben unter solch begrenzten Bedingungen.

Damit meine ich, begrenzt im physischen Körper, und begrenzt wegen der Konditionierung, die auf dem Planeten Erde vorherrscht. Viele der Dinge, welche die Wahrheiten bilden werden, von denen wir gesprochen haben, sind sehr schwierig in Worte zu fassen. Eure Sprache ist eines der großen Hindernisse, die überwunden werden müssen, wenn [diese] Informationen in der Öffentlichkeit vorgestellt werden. Deswegen wird es ein langsamer Lernprozess für viele

Menschen. Nur so, wie ihr Verständnis fortschreitet, in kleinen Schritt zu jeweils einem Zeitpunkt, können sie Fortschritt verstehen, in kleinen Schritten zu jeweils einem Zeitpunkt, sind sie in der Lage, eine klein wenig tiefere Wahrheit zu verstehen. Dies ist eine Sache, die sich verstärken wird, während wir weiter fortschreiten. Je mehr Verständnis ihr euch aneignet, desto schneller könnt ihr euch noch tieferes Wissen und subtilere Wahrheiten aneignen. Eines der Dinge, die wir in unseren Neuer-Bereich-Botschaften besprechen werden, wird ein wahreres Verständnis der verschiedenen Ebenen von Leben sein, und des Wechsels, den ihr Tod nennt, und wie Reinkarnation in dieses Bild hineinkommt. Das gegenwärtige Konzept davon ist verwirrt, und das ist verständlich, denn dies ist keine leicht zu verstehende Sache, vor allem von eurer jetzigen Perspektive aus. Ich glaube, dass ihr bereit seid, um ein klein wenig tieferes Verständnis davon zu gewinnen, was eigentlich stattfindet, aber ich werde versuchen, es euch auf eine Weise zu präsentieren, die euch nicht weiter verwirren wird, als ihr es jetzt seid. Eines der Dinge, über die es viel Missverständnisse gibt, ist, dass sich die nächste Ebene, oder wo ihr euch wiederfinden würdet, wenn ihr von dort aus, wo ihr jetzt seid, transzendieren würdet, gewaltig von dem unterscheiden würde, was ihr jetzt erlebt. Das ist nicht notwendigerweise so. Ihr werdet die gleiche Bewusstheit haben, die ihr jetzt habt, ihr werdet euch gegenseitig sehen, wie ihr es jetzt tut, und für euch werden eure Umgebungen so real sein, wenn nicht realer, wie sie es jetzt sind. Aber es wird einen definitiven Unterschied geben. Viele der Einschränkungen, die ihr jetzt als notwendig akzeptiert, werden euch nicht notwendigerweise in dieser Ebene beschränken. Es wird sehr einfach sein, diese Begrenzungen zu überwinden, von denen wir sprechen. Alles wird auf einer spirituelleren Ebene und weniger auf einer materialistischen Ebene sein. Es wird natürlich sein, in Begriffen des Spirituellen und nicht des Körperlichen zu denken.

Wie viele gibt es in diesem Raum, die glauben, dass ihr diesen Planeten, auf dem ihr seid, verlasst und zu einem anderen Ort geht, der Himmel genannt wird? Ich sehe, meine Freundinnen und Freunde, dass ihr diesem Punkt alle zuzustimmen scheint.

Ihr lebt in dem, was ihr Himmel nennt, auf eurem Planeten, genau jetzt, und Himmel, meine Freundinnen und Freunde, ist überall in der Schöpfung – nicht nur für euch Menschen. Ihr lebt. Ich lebe. Sie leben. Niemand ist tot. Niemand ist aus der spirituellen Welt, wie ihr sagen würdet. Es gibt nur Leben, meine Freundinnen und Freunde, überall um euch herum ist Leben. Ich lebe. Ihr lebt. Ich bin in der Lage, euch zu sehen, aber ihr seid nicht in der Lage, mich zu sehen. Ich könnte hinzufügen, dass es [auch] Lebewesen gibt, die ich nicht sehen kann. Ich beabsichtige, das irgendwann zu tun, aber gerade in diesem Moment kann ich nicht jede Person um mich herum sehen. Aber eure Begrenzungen sind noch größer als meine, denn alles, was ihr sehen könnt, sind die Menschen auf der gleichen Ebene wie ihr.

Das liegt an euren eigenen Einschränkungen. Leben, meine Freundinnen und Freunde, ist einfach, was Leben ist, Leben – ihr lebt weiter und weiter. Ihr lebt jetzt und wenn ihr entscheidet, sagen wir, den Körper zu verlassen, den ihr jetzt habt, werdet ihr genauso weitermachen, ohne Unterschied, und ihr werdet in einem Körper sein, der genauso real für euch ist, wie es euer Körper zur jetzigen Zeit ist. Ihr müsst das verstehen. Das ist sehr, sehr wichtig. Es ist immer jetzt und jeder lebt jetzt. Fühlt diesen Gedanken. Kennt diesen Gedanken und, meine Freundinnen und Freunde, glaubt es, weil das einfach ist, wie es ist. Ich weiß, ihr seid in einem anderen Glauben konditioniert worden. Jetzt führe ich Wahrheit ein. Versteht für einen Moment, dass alles um euch herum voll mit Leben ist. Alles um euch herum, meine Freundinnen und Freunde, ist lebendig. Nichts ist tot. [Nur] weil es bewegungslos ist, bedeutet das nicht, dass es tot ist. Alles um euch herum tanzt, bewegt sich, springt in die Höhe. Leben, meine Freundinnen und Freunde, Leben und ihr, seid genau in der Mitte von nichts außer Leben.

Ich werde euch nun verlassen, meine Freundinnen und Freunde, und in meinem Abschied habe ich dies zu euch zu sagen: Lebt jeden Moment, meine Freundinnen und Freunde, als ob ihr keinen weiteren erleben würdet, und genießt alles, was ihr tut: eure Arbeit, eure Freizeit und eure Ruhe. Genießt jeden Moment, denn er geht weiter und weiter und weiter. Wenn ihr die Freude in allem realisiert, lebt ihr im Königreich des Himmels. Meine Freundinnen und Freunde. Ihr realisiert eure wahren Umgebungen.

Ich bin Hatonn. Adonai Vasu Borragus.

Donnerstag, 17. Dezember 1959

Regelmäßiges Treffen

Ich bin Hatonn. Ich habe [nur] eine kleine Nachricht für euch heute Abend, denn es ist eine schwierige Woche für uns gewesen. Wie ihr wahrscheinlich wisst, haben wir auch unsere Ferienvorbereitungen. Ihr seid überrascht. Ich bin auch überrascht. Ich beziehe mich auf den Urlaub, auf den ihr euch vorbereitet. Und da wir alle eins sind, meine Freundinnen und Freunden, werden wir auch involviert. Jetzt könnt ihr meine erste Aussage verstehen, nehme ich an.

Eine große Zahl eurer Leute sind so damit beschäftigt, Dinge zu kaufen, um sie Anderen zu geben. Eine ausgezeichnete Geste. Was wir nicht verstehen können, ist, warum all diese Menschen Dinge kaufen, mit dem Mangel an Liebe und Glücklichkeit in ihnen. Denn nach eurem Brauch sollte dies eine fröhliche Angelegenheit sein. Doch eure Leute scheinen nicht fröhlich zu sein.

Was ist mit der ursprünglichen Idee passiert? Denn als der Mensch erschaffen wurde, und ich beziehe mich auf den Einen Menschen, der im Abbild und in der Ähnlichkeit des Schöpfers erschaffen wurde, was geschah [da] mit der anderen Erinnerung an Ihn? Lang zurück in eurer Geschichte, lange, lange her, da zelebrierten die Menschen die Schöpfung; was, glaube ich, wenn ihr feiern müsst, von größerer Bedeutung wäre als der Grund, den ihr jetzt für eure Feierlichkeiten habt. Es scheint, dass die Schöpfung wird und der Mensch nur viel später begann. Ich beziehe mich auf den Menschen, den ihr Jesus nennt. Für die meisten Menschen scheint es so, als ob das der Anfang war. Ja, meine Freundinnen und Freunde, für die meisten Menschen, sie glauben, dass das der Anfang war. Wir wissen es anders. Und eure Kinder und ihr wurden anders unterrichtet, aber Menschen können nur eine sehr kleine Zeitspanne denken, und das ist der Grund, warum wir hier sind. Um die Menschen auf eurem Planeten aufzuwecken, damit sie aufhören jugendliche Kinder zu sein, damit sie anfangen zu denken und als Menschen zu handeln, nicht als Kleinkinder.

Ihr wurdet am Anfang erschaffen, ihr habt ganz von Anfang an gelebt, ihr seid seit einer langen, langen Zeit hier, und ihr werdet weiterhin für eine lange, lange Zeit da sein. Feiert das, meine Freundinnen und Freunde.

Ich hatte viele, viele Erfahrungen, derer ich mir bewusst bin. Glaubt mir, meine Freundinnen und Freunde, ihr solltet eure Zeit damit verbringen, euch selbst zu entwickeln. Eure spirituellen Selbste. Und ich kenne keinen Ort auf eurem Planeten, wo ihr das erhalten könnt. Nur in euch selbst.

Adonai, meine Freundinnen und Freunde, ich bin Hatonn. Wir sind immer bei euch. Unsere Liebe und unser Licht des Erschaffenen Einen ist mit euch.

Donnerstag, 7. Januar 1960

Regelmäßiges Treffen

Ich bin Hatonn. Ich grüße euch in der Liebe und im Licht unseres unendlichen Vaters, von dem ich ein Teil bin, und ihr seid es auch. Wir sind ein Teil des Ganzen. Wir bilden die Schöpfung, die der Vater ist.

Ich bin mir bewusst, dass die[se] Interpretation des Schöpfers ein wenig verwirrend für die Menschen auf eurem Planeten ist, und wir sprechen vom Schöpfer in euren Worten, wie Vater, Gott und so weiter. Eigentlich ist das nicht wahr. Wenn ihr von euren Mitmenschen sprecht, dann sprecht ihr vom Schöpfer. Vielleicht wird euch das veranlassen, nachzudenken, bevor ihr von euren Mitmenschen sprecht.

Seht ihr, auf eurem Planeten, vor langer Zeit, als eure sogenannte christliche Religion nicht organisiert war, fürchte ich, gab es recht viel Verwirrung, und die Führer—sogenannte Führer durch das Volk—entschieden sich, die Grundlage eurer heutigen christlichen Tradition zu etablieren. Ich könnte hinzufügen, dass es, sagen wir, eine politische und keine spirituelle Vereinbarung war. Sehr unglücklich.

Wir, unsere Völker im Weltraum, falls ihr entscheidet, uns so zu nennen, haben euch Menschen gegenüber einen Vorteil, denn wir hatten den Vorteil von Wahrheit, viele, viele Jahrhunderte vor euch Menschen. Deswegen ist es unsere Aufgabe, euch unsere Entdeckungen zur Verfügung zu stellen. Beweise von unseren Lehren werdet ihr in euch selbst finden. Sie benötigen keinen Beweis, denn wenn ihr Wahrheit widerspiegelt, werden die Menschen euch nicht nach Beweisen fragen.

Ich werde für eine Weile länger durch dieses Instrument weitermachen. Die Wahrheit, die wir gerne in größerer Vollständigkeit präsentieren würden, als ich schon habe, ist so vollständig verschieden von den vielen Konzepten, die über lange Zeit von euren Erd-Gesellschaften akzeptiert und geglaubt wurden, dass es schwierig für euch wäre, unsere Sichtweise zu verstehen. Und das ist die Sichtweise der

Wahrheit. Denn auch wenn ihr denken mögt, dass ihr sehr aufgeschlossen seid, seht ihr viele Dinge vom Standpunkt irdischen Denkens aus. Ihr mögt euch manchmal fragen, wie so viele Leute so falsch liegen können über so viele Dinge. Manchmal fragen wir uns das auch. Aber ich werde dies hier sagen: Es hat eine lange, lange Zeit gebraucht, bis sich die momentan akzeptierten Ideen und Glaubensformen eurer Gesellschaft und religiösen Organisationen bis zu ihrem jetzigen Punkt hin entwickelt haben.

Diese Art von Denken kann nicht plötzlich verändert werden. Es ist ein schrittweiser Prozess der Umschulung. Die Meisten von euch fangen an, eine Idee davon zu bekommen, dass vielleicht viele Dinge, in Realität, nicht ganz das sind, was sie den meisten Menschen zu sein scheinen. Und das ist ein sehr wichtiger Schritt in die richtige Richtung. Wenn die Menschen, als Ganzes auf eurem Planeten, die Wahrheit über den Weg des Lebens des Vaters [er]kennen würden, und danach leben würden, könnten all eure verschiedenen Probleme, psychische, körperliche, politische, soziale und andere, in einer sehr kurzen Zeit gelöst werden, aber der Wechsel im Denken, der zuerst kommen muss, bevor die Menschen entsprechend des wahren Weges des Lebens leben können, wird etwas länger dauern. Es ist wahr, dass sich das Denken der Menschen nun seit einiger Zeit schrittweise verändert hat, und das wird sehr willentlich von uns vom Bündnis getan, aber wir verstehen, dass es bis zu einem gewissen Grad von Verständnis sehr kleinschrittig sein muss, und dann kann die neue Erkenntnis in schnelleren Schritten kommen. Viele der Menschen der Erde sind durch einfach nur den Kampf ums Überleben so vollständig vereinnahmt, dass sie sehr wenig, wenn überhaupt, Zeit haben, um über neue Ideen nachzudenken oder nach [einem] neuem Verständnis zu suchen. Es sind Bedingungen wie diese, die alle Menschen der Erde zurückhalten. Menschen, die einen solch schrecklichen Kampf führen, nur um zu überleben, sind, als eine Regel, nicht in der Lage, die Zeit oder die Neigung zu finden, nach neuen spirituellen Wahrheiten zu suchen. Die Situation ist jedoch nicht wirklich so schlecht, wie sie aussehen mag, von dem [her], was ich gesagt habe. Die Veränderungssituationen, die sich von jetzt an ereignen werden, werden weniger graduell sein als jene der, sagen wir, vergangenen 20 Jahre. Die allgemeine Höhe von Denken und Erkenntnis hat sich zu einem Punkt [hin] verbessert, wo wir ein wenig schneller vorgehen können, als wir es bislang gemacht haben.

Ich realisiere, dass ich für einige Zeit nun gesprochen habe, deshalb werde ich nicht viel mehr sprechen, aber ich habe dies für den Schluss aufbewahrt, damit ihr darüber eine Weile nachdenken könnt. Ich war am Anfang sehr erfreut, als diese Gruppe zum ersten Mal entstanden war. Ihr habt gesucht und das war gut. Ihr habt eine neue Art des Lebens, ein neues Verständnis gesucht. Zu dieser Zeit habt ihr viel Bemühung aufgebracht. Viel mehr, als ihr gemerkt habt. Ich wundere mich, was mit dieser Suche passiert ist. Ich bin mir darüber bewusst, dass einige von euch es ein wenig stärker als andere probieren, aber ich bin mir auch bewusst, dass ihr es viel besser [machen] könntet. Wir haben euch nicht um viel gebeten. Ein wenig Meditation und Liebe, das ist alles. Meine Freundinnen und Freunde, wenn ihr nur wüsstet, wie sehr wir euch zu helfen wünschen. Wir können das nicht tun, außer, wenn ihr euch selbst helfen wollt.

Ich hoffe, dass dieses kleine Gespräch heute Abend euch mit Denken hat anfangen lassen. Ich bin mir sicher, es hat. Ich sage diese Worte nicht in Zorn, sondern von Liebe: Wir wünschen euch Fortschritt. Das ist, warum wir hier sind, aber ihr müsst euch selbst helfen.

Ich glaube, dass ich heute Abend recht ausreichend lange gesprochen habe, und in meinem Abschied lasse ich meine Liebe und meine Segnungen mit jedem von euch zurück, mit den Wünschen, dass Erkenntnis wachsen und wachsen wird.

Ich bin euer Freund und Lehrer Hatonn

Adonai Vasu Borragus.

Mittwoch, 3. August 1960

Regelmäßiges Treffen

Ich grüße euch, meine Freundinnen und Freunde, in der Liebe und im Licht unseres Unendlichen Vaters.

Ich bin höchst erfreut, in der Lage zu sein, mit euch an diesem Abend zu sprechen. Ich bin sehr froh, dass ihr entschieden habt, euren Urlaub zu beenden. Ich bin mir bewusst, dass nicht alle an diesem Abend anwesend sind, meine Nachricht wird jedoch zu der Person kommen, die abwesend ist.

Ich weiß, dass ihr für einige Zeit nicht von mir gehört habt. Ich merke auch, dass einige von euch gedacht haben, dass ich euch vergessen hatte. Ich habe nicht. Ich bin immer bei euch, immer, meine Freundinnen und Freunde. Ich bin mit euch die ganze Zeit. Ich bin mir über alles bewusst, was ihr tut, ihr sagt, ihr denkt.

Ich weiß, dass ihr die Gelegenheit hattet, in den letzten paar Monaten, zu praktizieren, was euch gesagt wurde. Zu einem gewissen Grad wurde das getan. Ich bin mir auch bewusst, dass ihr mehr zustande bringen könntet. Ich habe es euch bereits gesagt, jeder von euch hat eine Rolle zu spielen im Plan des Vaters. Mir ist auch bewusst, dass einige nicht glauben, dass dies so ist. Wenn es nicht so ist, wird es von euch selbst gewählt sein, denn wir werden allen helfen, denen wir möglicherweise [helfen] können, um euch für euren Part zu konditionieren und bereit zu machen.

Ich frage mich, wie viele Male am Tag ihr euren Mitmenschen seht und ihn als Perfektion anschaut, ihn als den Schöpfer anseht. Ihr wisst, dass dies so ist, aber praktiziert ihr es wirklich? Ihr solltet es tun, meine Freundinnen und Freunde. Ich bin sicher, ihr wisst, dass dies die Schöpfung ist, dass alle perfekt sind, [dass] alles gut ist, alles Liebe ist. Ihr müsst dies praktizieren. Ihr müsst fortwährend üben. Es ist nicht etwas, das zufällig gemacht wird. Dies muss kontinuierlich gemacht werden. Seht alles als perfekt, seht alles in Liebe, und bald wird eine große Bewusstheit von Liebe innerhalb eures Wesens erwachen. Das ist möglich, meine Freundinnen und Freunde, aber nur ihr könnt es tun. Wir können leiten, wir können vorschlagen, aber nur ihr könnt diese Heldentat vollbringen. Das Ergebnis unserer Lehren, all unserer Mitteilungen, ist von keinem Nutzen, wenn ihr nicht bei einem Verständnis ankommt, mit dem ihr auf alles in Liebe und Verständnis blicken könnt. Ich werde von Zeit zu Zeit bei euch sein, um mit euch zu sprechen, wann immer es notwendig ist, aber meine Freundinnen und Freunde, ihr müsst die Anstrengung selbst aufbringen. Eure Ergebnisse werden nur durch Bemühung erreicht.

Ich würde [es] zu diesem Zeitpunkt gerne versuchen und meinen Sohn, Harold, kontaktieren. Ich verstehe, dass es recht lange her ist, aber ich würde dennoch gerne den Versuch machen. Willst du, mein Sohn?

Harold: Ja.

Ich werde dieses Instrument nun verlassen und versuchen, dich zu kontaktieren. Einen Moment bitte.

(Pause)

Wir sind jetzt bereit, meine Freundinnen und Freunde. Es tut mir leid, dass es so eine lange Verzögerung gab. Es war notwendig, um dieses Instrument zu konditionieren. Er hatte etwas Schwierigkeiten. Ich werde mit dem verbleibenden Rest der Botschaft fortfahren und es so kurz wie möglich machen, da ihr schon so lange gewartet habt.

Ich würde euch zu diesem Zeitpunkt gerne sagen, dass eure Arbeit im Dienst so wichtig wie irgendeine Arbeit, die irgendjemand anders tun wird, sein wird. Die Arbeit, von der ich spreche, ist, die Wahrheit zu jenen um euch herum zu bringen, die, wenn die richtige Zeit kommt, sehr hungrig danach sein werden. Ihr werdet eure Überzeugungen und eure Wahrheiten nicht verkaufen müssen. Es wird nicht so sein, dass ihr versucht jemandem etwas aufzudrücken oder versucht jemanden zu konvertieren. Glaubt mir, meine Freundinnen und Freunde, diejenigen, die zu euch kommen werden und die Wahrheit suchen, werden wissen, dass in ihren alten Glaubenssätzen vieles fehlt. Sie werden wissen, dass es viele Dinge gibt, die für sie unbeantwortet [geblieben] sind, und sie werden sehen, wie es die meisten von euch getan haben, wie die Antworten, die ihr ihnen gebt, in ihre Denkmuster hineinpassen.

Das wird eine sehr interessante und belohnende Erfahrung für euch, meine Brüder [und Schwestern]. Es liegt viel Zufriedenheit darin, euren Mitmenschen auf diese Weise zu helfen. Es wird viele Dinge geben, die in der nahen Zukunft offensichtlich sein werden, die diese Wahrheiten viel einleuchtender machen werden, und viel leichter für euch zu akzeptieren und zu verstehen.

Ich werde zu diesem Zeitpunkt nicht tiefer darauf eingehen, denn wir haben schon viele Dinge genannt, die geschehen werden. Es ist nur eine Frage von Zeit, meine Freundinnen und Freunde, und denkt nicht, dass die Zeit niemals kommen wird. Sie mag euch überraschen mit der Abruptheit ihrer Ankunft, aber mit den Anweisungen, die wir euch gegeben haben, und mit der Konditionierung und Entwicklung, die ihr hattet, werdet ihr bereit sein, wenn die Zeit kommt, und ihr werdet wissen, was zu tun ist: Wir werden mit euch arbeiten, euch helfen. In der Zwischenzeit, meine Freundinnen und Freunde, versucht, dem Muster zu folgen, das wir für euch skizziert haben. Es ist eine viel befriedigendere Lebensweise als die, die von den meisten Menschen der Erde verfolgt wird. Wahres Glück kann nur gefunden werden, wenn ihr im Weg des Vaters lebt. Ihr werdet dies auf eine Art oder schließlich auf eine andere Art lernen. Falls ihr es nicht annehmt, weil wir es euch gesagt haben, werdet ihr es auf die harte Weise lernen, sagen wir, durch viele Erfahrungen.

Ich werde euch nun verlassen, meine Freundinnen und Freunde, aber ich werde in der nahen Zukunft wieder zu euch sprechen. Ich bin erfreut, dass ihr mit euren Treffen weitermachen werdet, und ich werde konstant bei jedem von euch sein. Mögt ihr im Pfad des Vaters folgen, meine Freundinnen und Freunde, und die große Freude im Dienst an jene um euch erfahren.

Adonai, meine Freundinnen und Freunde, ich bin Hatonn, Adonai Vasu.

Mittwoch, 21. September 1960

Regelmäßiges Treffen

Ich grüße euch in der Liebe und im Licht unseres unendlichen Vaters. Ich bin Hatonn.

Ich grüße euch heute Abend aus einem [bestimmten] Grund. Ich bin mir bewusst, dass ihr zu der Schlussfolgerung gekommen seid, dass ihr an einem Stillstand seid. Ein Stillstand in eurer Entwicklung, wie ihr sagen würdet. Ich habe zu jedem von euch viele Male über eine Zeit von mehr als zwei Jahren gesprochen. Ich habe euch viele Dinge zum Nachdenken gegeben. Ich habe viele Fragen beantwortet. Ich bin mir bewusst, dass es viele weitere Fragen zu beantworten gibt. Bevor wir jedoch in die Fragen hineingehen, wie ihr sagen würdet, würde ich euch gerne eine Frage stellen. Wie gut habt ihr geübt, was wir zu euch gebracht haben? Wie sehr, meine Freundinnen und Freunde? Seid ihr sicher, dass ihr euer Bestes getan habt? Ich frage mich.

Euer Schöpfer erkennt und kennt nur Liebe. Liebe ist alles, was da ist. Dics habe ich euch viele Male gesagt. Ich weiß, Liebe auf eurem Planeten zu praktizieren ist recht schwierig. Was wir jedoch versuchen, euren Leuten beizubringen, ist zu lieben, wie [es] der Vater beabsichtigte, nicht wie ihr in euren eigenen Schöpfungen gelebt habt. Es gibt einen Unterschied, meine Freundinnen und Freunde, einen großen Unterschied. Ihr sprecht von Leiden, Erkrankungen, Krankheiten, diese sind in eurer Schöpfung, nicht in der des Schöpfers. Ihr seid an diesem Punkt nur in der Lage, euch der Schöpfung durch euer Denken und eure Gedanken bewusst zu sein. Zu einer Zeit in eurer Zukunft, werdet ihr euch vollständig darüber bewusst sein, dass die Schöpfung des Vaters alles ist, was ist. Ich frage mich, ob ihr nicht vielleicht öfter an Liebe denken könnt, für alle Dinge, für jeden, zu allen Zeiten. Meditiert darüber, lebt mit diesem Gedanken von Liebe, und ich bin recht sicher, dass ihr euch eines größeren Verständnisses aller Dinge bewusstwerdet.

Ich bin mir bewusst, dass ihr euch fragt, wie ihr Treffen abhalten solltet. Ihr seid euch gut darüber im Klaren, wie man das macht.

Ihr habt es recht oft praktiziert. Aber ihr habt euch zu einem Punkt entwickelt, an dem ihr denkt, dass diese Dinge nicht benötigt werden. Wir haben euch von der Kraft von Liebe und Licht erzählt. Verwendet diese Kräfte, sie sind eure, [sie sind] Geschenke des Schöpfers. Habt keine Angst, etwas miteinander zu besprechen. Ihr seid Freundinnen und Freunde, macht dies öfter. Meditiert; wie wir gesagt haben, ist dies so wichtig. Meditiert, liebt, reflektiert Liebe an alle, ruft die große Lichtkraft des Schöpfers an, um euch [dabei] zu helfen. Diese Kraft ist da für euren Nutzen, wenn ihr sie nur verwenden wollt. Habt ihr es in letzter Zeit versucht? Ich denke, nicht sehr oft.

Ich werde ein oder zwei Fragen beantworten, falls ihr sie heute Abend habt, und dann würde ich diesen Kontakt gern an meinen Sohn, Harold, übertragen. Gibt es irgendwelche Fragen zu dieser Zeit?

Harold: Könntest du uns eine bessere Vorstellung davon geben, welche Resultate wir erwarten können, oder was wir zu erreichen erwarten, wenn wir mehr lieben und meditieren könnten, wie wir es tun sollten?

Ich bin recht sicher, mein Sohn, wenn du meditierst und liebst, diese Liebe praktizierst, wirst du einen großen Unterschied in deiner Perspektive auf Leben, die Bedingungen deines Lebens, bemerken. Viele Dinge werden offensichtlich für dich werden, die viel besser sind. Ich schlage vor, dass du es versuchst und siehst.

Harold: Könnten irgendwelche hilfreichen Resultate in den Meditationsmethoden, welche die Yogis verwenden, liegen?

Ich habe euch bereits gesagt, mein Sohn, alles, was es gibt, ist Gedanke. Verändert euer Denken zu Gedanken der Liebe, Perfektion, wie euer Schöpfer, und ich bin mir recht sicher, dass eure Vorteile großartig sein werden. Habe ich dir geholfen, das zu beantworten?

Harold: Ja, ich denke.

Gibt es weitere Fragen zu dieser Zeit?

Ich kann euch nicht oft genug die Vorteile einprägen, die sich von euren Gedanken ableiten. Alles, alle Dinge, sind Gedanke. Alle Bedingungen, alle Schöpfung, wurde durch Gedanke hervorgebracht. Ihr habt die gleiche Kraft. Was ihr in eurem Denken hervorbringt, ist euch überlassen. Euer Schöpfer hat euch mit freiem Willen beschenkt. Er hat euch diesen freien Willen gegeben, um ihn zu verwenden. Wie ihr ihn verwendet, ist euch überlassen. Ich schlage nur vor, dass je höher ihr eure Gedanken haltet, desto höher wird eure Entwicklung sein.

Ich frage mich, ob ich diesen Kontakt zu dir, mein Sohn, übertragen kann. Ich werde dieses Instrument verlassen und meinen Sohn Harold kontaktieren.

Wir sind nun bereit, [unser] Sprechen heute Abend zu beenden, indem wir durch dieses Instrument fortfahren. Meine Freundinnen und Freunde, ihr denkt, dass es irgendeinen anderen Weg, oder einen einfacheren Weg, geben muss als das, worauf wir für euch hingewiesen haben. Nichts ist einfacher, als sich einfach gegenseitig zu lieben. Es ist nicht so schwierig, das zu tun, wenn ihr einmal zu der Verwirklichung kommt, dass ihr es tun könnt. Alles, was benötigt wird, ist, wie ich zuvor gesagt habe, eine leichte Veränderung in eurem Denken. Versucht, die Idee ganz vorne in eurem Geist zu halten, zu allen Zeiten, dass Liebe alles ist, was wichtig ist. Falls ihr lernen könnt, mit Liebe zu antworten, auf jegliche und alle Situationen, egal wie herausfordernd sie sein mögen, werdet ihr das Leben in dieser Ebene gemeistert haben. Der Schöpfer ist alle Liebe, der Schöpfer ist alle Dinge. Wenn ihr alle Dinge lieben könnt, dann werden alle Dinge antworten, indem sie euch lieben, und ihr werdet, so zu sagen, in einem Himmel auf Erden leben. Nichts ist wichtiger als zu lieben und geliebt zu werden. Verwechselt jedoch nicht die universelle, spirituelle Liebe, von der ich spreche, mit dem, was manchmal auf eurem Planeten von Liebe gedacht wird. Wie ich bereits gesagt habe, ist wahre spirituelle Liebe keine besitzende Liebe. Sie ist vielmehr eine, sagen wir, unpersönliche Liebe. Und diese Liebe sollte gleichermaßen gegenüber allen Teilen der Schöpfung, allen Personen um euch, zu allem und jedem gefühlt werden. Dies ist eine Art von Liebe, die nichts zurückverlangt. Es ist eine gebende Liebe, nicht eine fordernde oder nehmende Liebe. Es ist nicht so schwierig, wie ihr denkt, dass es [das] ist, meine Freundinnen und Freunde. Wenn ihr damit richtig loslegen könnt, wie ihr es solltet, wird es sehr schnell leichter für euch kommen. Die Sache, die sehr schwierig für Menschen ist, die in der Bedingung leben, in der ihr seid, ist anzufangen. Ihr habt ein Gefühl, dass ihr euch durch Lieben, wie ich davon gesprochen habe, erniedrigt. Aber dies ist keine empfangende Liebe; doch wenn ihr diese Liebe gebt, [dann] werdet ihr etwas wiederbekommen, das noch mehr ist, als das, was ihr nach außen gegeben habt. Das entspricht dem Gesetz des Vaters, aber das sollte nicht das Motiv hinter eurem Geben dieser Liebe sein, auch wenn es wahr ist. Denkt darüber nach, meine Freundinnen und Freunde, denkt wirklich darüber nach und versucht wirklich, es in die Praxis umzusetzen. Das ist der Schlüssel zu der Art von spirituellem Wachstum, nach der alle streben sollten. Wenn es so etwas wie eine Abkürzung zu spiritueller Entwicklung gibt, ist Liebe die großartigste Abkürzung. Der kürzeste Weg zum Vater ist durch Liebe, welches die wichtigste Sache in der Schöpfung des Vaters ist.

Gibt es noch weitere Fragen heute Abend, meine Freundinnen und Freunde?

Walt: Ich würde gern eine stellen. Viele Male, wenn ich diese Botschaften übermittle, frage ich mich, ob ich meine eigenen Gedanken in sie hineinlege. Ist das in dieser Art von Kontakt möglich?

Dies kann zu einem gewissen Ausmaß möglich sein, mein Sohn, aber dies wird von der Person, die durch dich spricht, kontrolliert. Es ist wahr, dass wir das, was wir sagen, manchmal in einem Muster entsprechend eurer eigenen Art, zu denken, formulieren, und dies kann dem Instrument so erscheinen, als ob es sein eigenes Gedachtes ist, aber was ihr verbal ausdrückt ist genau das, was wir wünschen, dass ihr es ausdrückt, ansonsten können wir euch genau dann stoppen, wie ihr wisst. Beantwortet dies deine Frage, mein Sohn?

Walt: Ja. Danke dir sehr.

Noch eine weitere Frage an diesem Abend? Wenn nicht, werde ich euch nun verlassen. Ich bin sicher, meine Freundinnen und Freunde, dass ihr in der Lage sein werdet, in der Zukunft schnell fortzuschreiten. Es gibt keine Notwendigkeit, in einem Stillstand in [der] Entwicklung zu sein. Ihr habt einen langen Weg in den Jahren zurückgelegt, während der ihr euch getroffen habt, auch wenn ihr euch dessen nicht bewusst seid. Wie ihr fortschreitet, wird Fortschritt leichter werden, deshalb gebt nicht auf zu dieser Zeit, wenn ihr eurem Ziel viel näher seid, als ihr denkt. Ich werde euch nun verlassen.

Adonai, meine Freundinnen und Freunde, Ich bin Hatonn.

Freitag, 16. Dezember 1960

Bei Belle

Ich grüße euch mit Liebe und Licht unseres unendlichen Schöpfers. Ich bin Hatonn.

Ich bin amüsiert über die Gedanken, sagen wir, die euch in den letzten paar Momenten durch den Kopf gegangen sind. Ich bin mir ziemlich sicher, dass einige von euch sich gefragt haben, ob ihr an diesem Abend eine Botschaft empfangen würdet oder nicht. Das, meine Freundinnen und Freunde, wurde aus einem Grund gemacht. Seht ihr, wir finden viele Dinge heraus, wenn ihr in stiller Meditation sitzt. Es ist wirklich eine tolle Erfahrung, die Gedanken zu kennen, wie ich die Gedanken erkannt habe, von euch Leuten heute Abend. Ich bin in einer Position zu wissen, was jede und jeder einzelne von euch denkt. Dies ist sehr vorteilhaft für die Mission, oder Arbeit, wie ihr sagen würdet, die wir auf eurem Planeten zu tun haben. Mir wird dadurch sehr geholfen, dass ich eure Gedanken kenne. Das hilft mir, sagen wir, vorzubereiten, was wir angehalten sind, euch zu sagen.

Ich bin recht sicher, dass die meisten von euch über einige der Dinge erstaunt waren, die ihr an diesem Abend auf den Tonbändern vernommen habt, die ihr angehört habt. Fantastisch, unglaublich, ja, meine Freundinnen und Freunde, all das ist es, aber noch größere Dinge, wundervollere Dinge, sind in der Schöpfung eures Vaters. Ihr habt noch nicht einmal damit begonnen, an der Oberfläche dessen zu kratzen, was eures ist: die Schöpfung. Die Schöpfung, meine Freundinnen und Freunde, ist eure.

Ich werde ein oder zwei Gedanken für euch, sagen wir, einspeisen. Ich bin sicher, die meisten von euch wissen, im Anfang war der Vater oder Schöpfer, wie wir diesen großen Einen nennen. Euer Schöpfer erschuf alles, was ist. Ich bin mir sicher, dass ihr euch dessen bewusst seid. Euer Schöpfer, groß, sagen wir, wie Er war, ich bin mir sicher, dass dies als eine Überraschung für euch kommen mag, aber Euer Schöpfer war einsam. Er wünschte sich Begleitung. Aus dieser

Einsamkeit heraus kam der Wunsch nach Begleitung, [und] wurdet ihr erschaffen, wie es erwähnt ist, in der Ähnlichkeit und im Bild eures Schöpfers. Zu Beginn der Schöpfung wurden euch große Kräfte gegeben. Euch wurde die Kraft des Denkens gegeben, die Kraft zu erschaffen. Dies, bin ich mir wohl bewusst, glauben einige von euch nicht - dass ihr die Kraft zu schöpfen habt. Alles wurde perfekt und gut am Anfang erschaffen. Der Mensch war die großartigste Schöpfung des Vaters. Ihm wurde das Universum als sein Zuhause gegeben, aber der Mensch, da er Kraft hat zu denken und zu erschaffen, begann selbst zu erschaffen. Ihr seid diese Schöpfungen. Ihr lebt zu diesem Zeitpunkt, nicht in der Schöpfung des Vaters, sondern ihr lebt in euren eigenen Schöpfungen.

Ich werde euch mit diesen Gedanken für ein paar Momente zurücklassen, und ich werde, sagen wir, zu diesem Zeitpunkt Instrumente wechseln. Ich werde dieses Instrument verlassen und ein anderes Instrument kontaktieren. Einen Moment bitte.

Wir sind nun bereit, meine Freundinnen und Freunde, mit der Botschaft fortzufahren. Ihr mögt euch fragen, warum diese Prozedur, für die gleiche Botschaft zwei Instrumente zu verwenden. Wir haben gute Gründe, dies zu tun. Ein Grund ist, beiden Instrumenten mehr Erfahrung zu geben. Je mehr Erfahrung ein Instrument hat, je mehr Kontakte wir durch ein Instrument gemacht haben, desto besser sind sie als Instrumente.

Die Kontakte, die wir durch diese Individuen machen, werden konstant und schrittweise verbessert, und wir wünschen uns, dass sie einen hohen Grad an, soll ich sagen, Folgebereitschaft erreichen, um die Botschaft exakt so hervorzubringen, wie wir es von ihnen möchten, und sie an einem Punkt in ihrer Entwicklung als ein Instrument ankommen, wo Mehr der Persönlichkeit des Sprechers offenbar wird.

Um mit dem fortzufahren, was ich vorhin gesagt habe. Es ist sehr schwierig für viele Menschen, die auf einem Planeten leben, in eurer Situation, zu verstehen, dass dies nicht ist, wie es sein sollte. Das ist nicht leben, wie der Vater wirklich für euch beabsichtigte zu leben. Der Vater beabsichtigte für den

Menschen, ein Co-Schöpfer zu sein, Herrschaft über alle Dinge im Universum zu haben und ein Leben von großer Freude und Glück zu leben. Leiden und Not sind nicht in der Schöpfung des Vaters. Diese Dinge sind die Folgen des Menschen, der auf die falsche Weise erschafft. Ich sollte sagen, das erschafft, was nicht in Harmonie mit der ursprünglichen Schöpfung des Vaters ist. Das größte Ziel des Menschen auf diesem Planeten ist, seine richtige Perspektive wiederzugewinnen und [die] Dinge so zu sehen, wie sie in der Schöpfung des Vaters sind. Er ist in einem ziemlich hypnotisierten Zustand. Wenn der Menschen nur verstehen könnte, dass er eigentlich in der Wahren Schöpfung lebt, sich dessen aber nicht bewusst ist. Wenn er sich der Wahren Schöpfung des Vaters um ihn herum bewusstwerden könnte, würden jene Dinge seiner eigenen Schöpfung, die nicht harmonisch sind, nachlassen und aufhören, zu sein. Konflikt, Leid, Krankheit, Vorurteil, Hass, diese Dinge sind nicht in der Schöpfung des Vaters und in dem wundervollen Zeitalter, welches ganz nahe vor uns ist auf diesem Planeten, wird der Mensch in der Wahren Schöpfung leben. All diese Dinge aus seiner eigenen Schöpfung werden, sozusagen, überwunden werden, werden aufhören zu existieren. Dies wird eine höchst wundervolle Situation sein, um darin zu leben, wie ihr euch wahrscheinlich vorstellen könnt.

Aber ich versichere euch, meine Freundinnen und Freunde, selbst eure wildesten Vorstellungen können noch nicht erfassen, wie dieses wahre Leben in der Schöpfung des Vaters wirklich aussehen wird. Jedes Opfer, das ihr zu diesem Zeitpunkt machen könntet, um euch in Richtung dieser Art zu leben zu bewegen, von der ich spreche, wird die Mühe sehr wert sein. Denkt über dies nach, meine Freundinnen und Freunde. Es ist viel einfacher, im Weg des Vaters zu leben. Er erfordert viel weniger Mühe, als ihr aufbringen müsst, um auf die Art zu leben, in der die meisten Menschen der Erde jetzt leben. In eurer Art zu sprechen, würde ich sagen, dass die Menschen es auf die harte Weise machen, wenn der Weg des Vaters viel natürlicher und viel einfacher ist. Alles, was nötig ist, ist ein [nur] klein wenig anderer Ansatz und eine neue Art zu denken. Ihr müsst die Dinge in einem anderen Licht sehen. Wir haben [es] bereits viele Male wiederholt: Versucht, alles um euch als Perfektion zu sehen, und versucht, einen perfekten Schöpfer in allen Dingen zu sehen, und vor allem in euren Mitmenschen. Wie könnt ihr weniger als Liebe für den Schöpfer haben[?] Wenn ihr auf eure Mitmenschen schaut, realisiert, dass ihr den Schöpfer anseht. Ich weiß, dass dies schwierig für Menschen auf eurem Planeten zu tun ist, aber seid nicht entmutigt, weil die Ergebnisse nicht unmittelbar [kommen] und festgelegt sind. Versucht es weiter und ihr werdet Fortschritt[e] machen. Alles, was erforderlich ist, ist ernsthafte Bemühung und ein Wunsch, in spiritueller Entwicklung fortzuschreiten.

Ich werde euch nun verlassen, meine Freundinnen und Freunde, und möge jeder von euch streben und erfolgreich sein, in dieser großen Unternehmung. Ihr müsst euch selbst zuerst helfen, denn dieser Wandel im Denken ist eine individuelle Angelegenheit. Ich werde euch nun verlassen.

Adonai Vasu Borragus.

Donnerstag, 22. Dezember 1960

Regelmäßiges Treffen

Grüße, meine Freundinnen und Freunde, ich bin Hatonn. Ich grüße euch in der Liebe und im Licht des Schöpfers. Ich bin erfreut, diese Gelegenheit zu haben, wieder einmal zu euch zu sprechen.

Heute Abend werde ich ein Wenig mehr entlang dessen sprechen, wovon ich bei unserem letzten Treffen gesprochen habe. Ich bin mir nicht sicher, dass alle der Gruppe mich ernst nehmen, wenn ich euch Dinge erzähle, aber bei dem Thema, das ich nun anspreche, werdet ihr bald sehen, wovon ich spreche. Ob ihr mich ernst nehmt oder nicht, die Ereignisse der nahen Zukunft werden es euch wissen lassen. Ich beziehe mich auf die Aussage hinsichtlich der Aktivität dieser Gruppe. Und die Aktivität dieser Gruppe wird etwas in Kontrast stehen zu der Inaktivität, die ihr bis jetzt erlebt habt. Ich will nicht, dass ihr denkt, dass ihr auf irgendeine Weise dazu kommandiert werdet, etwas für das Bündnis oder im Dienst zu tun, aber ich kenne jeden von euch gut genug, um zu wissen, dass ihr glücklich sein werdet, die Gelegenheit zu haben, euren Mitmenschen in dieser großen Sache zu dienen.

Wie ich euch gesagt habe, gibt es keinen größeren Dienst, den ihr für diejenigen um euch herum tun könnt, als ihnen zu helfen, etwas von der Wahrheit zu verstehen, die sie so verzweifelt brauchen. Wahrheit ist die einzige Sache, an der es auf diesem Planeten zurzeit mangelt, meine Freundinnen und Freunde. Wenn genügend eurer Bevölkerungen genug Wahrheit hätten, [dann] könnten sie ihre Wege ändern und in einer perfekten Gesellschaft leben, wie ihr Vater es von ihnen wünscht. Das Einzige, was dafür nötig ist, ist ein ein klein wenig anderer Standpunkt, und die Wahrheit zu kennen heißt, die Dinge vom richtigen Standpunkt aus zu sehen, was sehr wenige der Bevölkerungen der Erde zur gegenwärtigen Zeit tun. Es ist wahr, dass es einige, sogar Viele sollte ich sagen, geben wird, die ihr Denken nicht verändern möchten, und ihre Art, Dinge zu tun. Aber alle werden die Gelegenheit haben, so zu handeln, wie wir ebenfalls gesagt haben: Jedes Individuum wird realisieren, dass er oder sie eine Wahl zu treffen hat. Sie werden sich der zwei unterschiedlichen Wege bewusst sein, denen sie folgen können. Wenn der Weg der wahren Art zu leben, der Weg von Liebe und Licht, zu schwierig für sie erscheint, zu viel Opfer des Egos erfordert, werde ich sagen, dann werden sie vielleicht nicht wünschen, diesen Weg zu nehmen. Und es ist ihr Recht zu wählen, aber die Zeit ist gekommen, meine Freundinnen und Freunde, wenn diejenigen, die nicht den richtigen Pfad nehmen werden, nicht länger diejenigen zurückhalten können, die den richtigen Pfad nehmen möchten, und diejenigen, die konstruktiv, und in Frieden, und mit Liebe für ihre Mitmenschen leben möchten. Wir vom Bündnis sind sehr glücklich, in der Lage zu sein, euch sagen zu können, dass dies, worauf wir so lange gewartet haben, nun endlich in Ernsthaftigkeit beginnt. Ich weiß, dass viele, viele der Menschen der Erde sehr glücklich sein werden, zu sehen, wie sich die Dinge zu dem verändern, wie sie die ganze Zeit hätten sein sollen. Ich werde heute Abend nicht in größeren Details auf diese Dinge eingehen. Ich werde in unseren späteren Treffen in größerem Detail über [diese] Dinge zu euch sprechen.

Ich würde gern durch unser anderes Instrument zu diesem Zeitpunkt sprechen, falls er will.

Fragesteller: Ich will.

Alles klar, mein Sohn. Bitte wartet einen Moment, meine Freundinnen und Freunde.

Ich bin nun bei euch meine Freundinnen und Freunde. Ich merke, dass Einige von euch recht entmutigt wurden, weil wir nicht so oft zu euch gesprochen haben wie früher. Ich bin mir auch bewusst, dass sich euer Denken verändert. Ich bin mir auch bewusst, dass ihr anfangt zu verstehen, ich sollte sagen, Einige von euch, dass Einige der Dinge, die wir euch gesagt haben, wahr werden. Wir haben euch gesagt, dass es viele Dinge geben würde, die in euren täglichen Leben geschehen würden, wie zum Beispiel, dass ihr mit Menschen in Kontakt kommt und beginnt, ihnen vom Dienst zu erzählen. Ich bin mir sicher, dass jeder von euch diese Erfahrung kürzlich hatte. Ich bin mir auch recht sicher, dass dies öfter passieren wird. Ich werde an diesem Abend auch etwas Anderes ansprechen. Unsere Instrumente werden wechseln. Während wir durch euch sprechen, verbessert ihr euch schrittweise. Jeder Kontakt macht aus euch ein besseres Instrument. Ich erwähnte dies bei einer anderen Gruppe den anderen Abend. Und wir wünschen uns für diese Instrumente, dass sie sich entwickeln, sodass mehr von der Persönlichkeit, sagen wir, des Sprechers durch sie ausgedrückt wird. Dies wird passieren, als ob es eine normale und natürliche Sache wäre. Die Instrumente selbst werden erstaunt sein, wie natürlich es sein wird. Ich bin recht sicher, dass ihr versteht, dass wir in der Lage sind, uns selbst voller durch ein Instrument auszudrücken, wir können eine Botschaft viel schneller, mit mehr Gefühl, mit größerem Verständnis übermitteln. Dies ist auch eine große Hilfe beim Sprechen zu neuen Leuten. Einige Menschen sind recht überrascht, wenn sie eine unvertraute Stimme hören, die von jemandem kommt, den sie zuvor sprechen gehört haben.

Ich bin mir sicher, alle von euch Leuten werdet es in der Zukunft [noch] angenehmer finden, im Dienst zu arbeiten, [und] euren Mitmenschen dabei zu helfen, Wahrheit und Verständnis zu finden. Ihr könnt keinen größeren Dienst an jemandem erbringen, als dieser Person dabei zu helfen, die Wahrheit für sich selbst zu finden. Ihr könnt ihr dabei helfen, aber sie muss sie für sich selbst finden. Durch eure Vorschläge und Anleitung mögen viele fähig sein, Wahrheit zu finden und ein weitaus großartigeres Leben zu führen als sie jemals zuvor gekannt haben. Ich bin mir recht sicher, dass auch ihr belohnt werdet. Belohnt in der Zufriedenheit, dass ihr wisst, dass ihr etwas Gutes getan habt. Nicht alles wird beim Kontaktieren von Menschen ein, wie man sagen würde, Bett aus Rosen sein. Ihr mögt auf ein ganz schönes Stück Opposition stoßen, aber mit Liebe und Verständnis und ein wenig Denken, bevor ihr sprecht, bin ich mir sicher, werdet ihr ganz gut zurechtkommen. Wir haben nun viele Gruppen, die vorbereitet sind, sagen wir, um im Dienst zu arbeiten. Es wird viel zu tun geben in der nahen Zukunft für alle von euch. Und ich freue mich darauf, jeder und jedem Einzelnen von euch in der Aufgabe zu helfen, die ihr gewählt habt. Ich weite mein Liebe zu euch aus, immer. Mögt ihr eure Liebe an eure Mitmenschen auf der Erde ausweiten. Dies ist der einzige Weg, dies ist der Weg des Vaters, meine Freundinnen und Freunde.

Ich werde euch nun verlassen, meine Freundinnen und Freunde, und ich würde gerne sagen, dass es mir eine Freude war, mit euch zu sprechen. Ich werde das in der Zukunft öfter tun. Ich und meine Brüder sind immer gewillt, euch zu helfen. Ich und meine Brüder wünschen uns für euch, dass ihr euch selbst helft. Ich verlasse euch nun. Ich bin euer Freund und Lehrer.

Adonai Vasu Borragus.

Mittwoch, 5. April 1961

Regelmäßiges Treffen

Ich bin euer Lehrer Hatonn. Wir sind sehr froh, mit euch an diesem Abend zu sprechen. Wir erinnern uns, dass wir dies viele Male in der Vergangenheit getan haben. Unsere Vorkehrungen gestalten sich viele, viele Male um. Wir werden oft von unseren Lehrern angeleitet, und oft werden wir durch unsere sogenannte Intuition geleitet.

Ich bin besonders an unserer Einstellung zur Menschheit als Ganzes interessiert. Unsere Menschen, über die ganze Schöpfung hinweg, sind eins miteinander. Ein Schöpfer für Eine Schöpfung. Ihr müsst jetzt die ganze Schöpfung in Betracht ziehen, wenn ihr bestimmte Dinge beratet, wie Herkunft und Farbe eurer Leute. Ihr seid nicht allein auf einem kleinen Ball, der im Raum schwebt. Ihr seid ein Teil von vielen, vielen kleinen Bällen, die im Raum schweben, und auf die Oberfläche dieser kleinen Bälle werden Leute von verschiedener Farbe und Herkunft gesetzt. Wenn ihr denkt, denkt als die Schöpfung, nicht als eine individuelle, kleine, mikroskopische Schöpfung. Euer sehr kleiner Planet, den ihr Erde nennt, ist ein winziges Partikel in unserer großen und glorreichen Schöpfung. Es gibt jedoch kein Individuum, das als unbedeutend in dieser großartigen Schöpfung angesehen wird. Wir bewegen uns und leben in Einheit miteinander. Ihr, in einer extremen Ecke der Schöpfung, und ein gegenüberliegender Planet in der [anderen] Ecke der Schöpfung, seid eins, ihr seid eins mit ihnen. Deshalb müsst ihr wie ein riesiger Behälter denken, und ihr seid, wie der Behälter, riesig. Unsere Schöpfung besteht aus, wie ihr sagen könntet, Wesen. Alles, was erschaffen wurde, wurde im Licht des Unendlichen Schöpfers erschaffen. Unsere Meinungen von unseren Brüdern und Schwestern sollten so sein, wie sie erschaffen wurden, perfekt, und wenn ihr wählt, anders zu denken, dann seid ihr nicht in der Schöpfung des Vaters. Ihr seid aus eurer eigenen Schöpfung, und ihr werdet dementsprechend reagieren. Ihr könnt dem Schöpfer nicht die Schuld für Defekte in euch selbst oder Anderen um euch geben.

Ich bin bereit, um unser anderes Instrument, Walter, zu kontaktieren.

Ich bin nun mit diesem Instrument. Ich werde einige Momente länger sprechen und dann werde ich unser anderes Instrument für ein paar Momente kontaktieren.

Ich bitte alle von euch, euch daran zu erinnern, dass ihr Liebe seid. Ihr seid aus Liebe erschaffen, von der Liebe unseres unendlichen Vaters. Alle sind gleich, es gibt keinen Unterschied. Alle sind Kinder des einen Vaters, perfekt erschaffen in Liebe, in Frieden, in Harmonie. Ich bitte alle von euch, euch gegenseitig und jene, die ihr trefft, als perfekt anzusehen. Ich bin mir sicher, dass ihr alle versteht, dass ihr das nicht so häufig tut, wie ihr solltet. Dies sollte euer Wesen sein, zu lieben, eure Perfektion zu reflektieren, euren Schöpfer widerzuspiegeln. Würde dies getan werden, kämen viele wundervolle Dinge zu allen von euch. Ein Gefühl von Freude, von Frieden, von Zufriedenheit, wie ihr es für eine lange, lange Zeit, eine sehr lange Zeit, nicht gekannt habt. Alle Dinge sind gut, alle Dinge sind perfekt. Nehmt euch selbst aus dem Weg, [und] lasst euren Schöpfer sich durch euch ausdrücken. Das ist euer Ziel. Lasst euren Schöpfer sich durch euch ausdrücken.

Ich werde diesen Kontakt nun zu unserem anderen Instrument, Harold, übertragen. Ich werde einige Momente länger fortfahren. Einen Moment bitte.

Wir sind nun bereit, die Botschaft zu beenden. Es ist ganz schön lange her, dass wir alle drei dieser Instrumente nacheinander kontaktiert haben, wie wir es an diesem Abend tun, aber es ist wahr, dass sich jedes unserer Instrumente fortwährend mit mehr Praxis verbessert.

Einige von euch haben sich gefragt, warum wir euch in letzter Zeit weniger häufig kontaktiert haben. Es gibt mehrere Gründe. Ein Grund ist, wie euch zuvor gesagt wurde, dass euch eine große Menge an Informationen gegeben wurde, und diese Informationen wurden, sagen wir, nicht vollständig in die Praxis umgesetzt. Auch sind wir selbst sehr beschäftigt zu dieser Zeit. Wir entwickeln viele neue Instrumente. Ihr seid euch über einige von diesen in eurer eigenen, kleinen Region bewusst. Wenn ihr das mit der Zahl der Regionen dieser Größe multipliziert, überall auf eurem Planeten, ich sollte sagen, in den stark besiedelten Gebieten eures Planeten, werdet ihr eine kleine Idee davon bekommen, wie viele verschiedene Gruppen wir kontaktieren und wie viele Instrumente wir entwickeln. Wenn die Zeit kommt, dass große Zahlen eurer Menschen sehr sehnsüchtig dem zuhören wollen, was ihr zu sagen habt, wird es viele Instrumente geben, die wir verwenden können, um mit diesen Menschen zu kommunizieren. Denkt nicht, dass wir durch den Aufwand gehen, ein Instrument zu entwickeln, damit wir [nur] ein paar Menschen kontaktieren können. Alles was wir tun, geschieht für einen Zweck, und wie euch in der Vergangenheit gesagt wurde, gibt es einen großen Plan, der euren ganzen Planeten mit einbezieht. Dieser Plan entfaltet sich viel schneller, als ihr mit dem begrenzten Standpunkt denken würdet, den ihr relativ zu dem Bereich, in dem ihr lebt, habt. Ich werde nicht weiter darüber heute Abend sprechen, meine Freundinnen und Freunde, denn ich würde nur Dinge wiederholen, die ihr viele Male zuvor gehört habt. Lasst es uns dabei belassen, dass wenn diese Dinge tatsächlich stattfinden, dann werdet ihr sicher sein, dass wir nicht übertrieben haben, und dass wir euch Dinge nicht nur als Test gesagt haben. Wir hoffen nur, dass ihr vorbereitet sein werdet für die großen Veränderungen, die ihr erfahren werdet. Vorbereitet zu dem Grad, dass ihr nicht nur euch selbst helfen könnt, sondern zur Verfügung steht, um Vielen um euch herum zu helfen, die Hilfe viel mehr benötigen.

Ich werde euch nun verlassen, meine Freundinnen und Freunde, aber einmal mehr würde ich vorschlagen, dass ihr die Dinge an vorderster Stelle in eurem Geist haltet, von denen ihr wisst, dass ihr sie tun solltet, die Dinge, die ihr denken solltet und die Art, wie ihr leben solltet. Es ist wahr, dass ihr viel Fortschritt gemacht habt, seitdem diese Gruppe gebildet wurde, aber ich bin mir sicher, dass ihr euch bewusst seid, dass der Weg sehr lang ist. Ich werde mich freuen, in der nahen Zukunft wieder zu allen von euch zu sprechen. Möge unser unendlicher Schöpfer euch Weisheit und Verständnis geben, um euch zu helfen, diese Wahrheiten anzuwenden, die wir euch bringen.

Meine Liebe an jeden von euch. Adonai, ich bin Hatonn.

Mittwoch, 12. April 1961

Regelmäßiges Treffen

Ich bin Hatonn. Grüße im Licht, mit unserer Liebe.

Mit meiner Botschaft versuche ich einzuarbeiten, was heute Abend in eurer Gruppe erwähnt wurde. Unser Verständnis mit euren Leuten hat sich verbessert. Wir haben neue Techniken gelernt, um unsere Wahrheiten euren Leuten zu präsentieren. Denn, seht ihr, wenn eure Leute in ihren Wünschen nach Wahrheit wachsen, müssen wir unsere Präsentationen verändern. Deswegen wird eine neue Gruppe auf eine andere Weise angesprochen als eine Gruppe, mit der wir vor einem Jahr oder so begonnen haben. Wir sind uns darüber bewusst, dass die Lehren mit den Zeiten fortschreiten müssen. Das, haben eure Leute noch nicht entdeckt. Einige, aber sehr wenige.

Was eure verschiedenen Ebenen im Jenseits angeht, wie ihr euch oft darauf bezieht, ist es sehr schwer, die andere Seite genau zu bestimmen, sagen wir, denn, meine Freundinnen und Freunde, dies ist eine riesige Schöpfung. Und wie ich es euch beim letzten Mal, als wir uns getroffen haben, gesagt habe, müsst ihr multiskopisch denken, nicht mikroskopisch. Ihr seid ein Teil eines riesigen Ganzen. Größer als ihr es euch jemals vorstellen könnt, denn es gibt kein Ende. Unsere Menschen sind sich dessen bewusstgeworden. Wir haben uns weiterentwickelt und es gibt Viele, Viele jenseits von uns, mit denen wir nicht einmal kommunizieren. Wir sind uns darüber jedoch bewusst. Ich versuche euch einzuprägen, dass diese sehr kleine Zeitperiode, die ihr auf eurem Planet Erde verbringt, so unbedeutend ist. Aber ihr macht so viel daraus, was verständlich ist. Ich verspotte euch nicht. Ich versuche jedoch, euch einen kleinen Eindruck dessen zu geben, wovon ihr ein Teil seid. Und ihr seid ein Teil, ihr seid niemals getrennt, nur in eurem eigenen Verständnis. Kompliziert und komplex, selbst für uns, aber Leben ist schön, auch auf eurem Planeten. Ich bin mir über viele, viele Bedingungen auf eurem Planeten bewusst, die ihr als nicht wünschenswert betrachtet. Aber nur, weil ihr sie nicht wünschenswert sein lasst, ihr erkennt sie als solche an. Erhebt euch darüber, meine Kinder, hebt euch hoch und genießt eure Schöpfung, euer Erbe, das euer Vater euch gegeben hat. Wälzt euch nicht im Schmutz der niedrigeren Intelligenz, lebt in der wahren erschaffenen Intelligenz.

Wir wurden alle vom Einen Schöpfer erschaffen, und dies hat auf einmal stattgefunden. Nicht [über] eine lange Zeitperiode, sondern augenblicklich. Und im Verlauf unserer Entwicklung haben sich manche schnell weiterentwickelt, andere nicht. Einige haben sich schnell entwickelt und kamen dann viele, viele Male wieder. Ich möchte jedoch jetzt ankündigen, dass die wichtige Phase in eurem Leben in dieser Schöpfung genau jetzt ist. Ihr müsst irgendwo anfangen und ihr könnt nur jetzt anfangen, nicht später oder vorher, sondern jetzt, denn das, meine Freundinnen und Freunde, ist alles, was es gibt.

Ich habe es genossen, an diesem Abend zu euch zu sprechen und ich bin recht sicher, dass ich einigen von euch geholfen habe.

Adonai, ich bin Hatonn.

Mittwoch, 19. April 1961

Botschaft durch Clyde von Yuma

Guten Abend an euch, meine Freundinnen und Freunde. Mit eurer freundlichen Erlaubnis werde ich einige Momente mit euch heute Abend verbringen. Ich wurde von dem Instrument und seinem Lehrer gefragt, ob ich euch mein Verständnis über das geben würde, wovon ihr heute Abend gesprochen habt.

In meinem Verständnis hat jeder Planet, der physisches Leben auf sich trägt, auch eine Hülle um sich, oder eine Atmosphäre oder welche Begrifflichkeit ihr auch immer [dafür] verwenden wollt. Auf jedem Planeten existiert eine Form von Leben, die sich dieser Umgebung angepasst hat, und die auch eine gewisse Bandbreite, oder soll ich sagen, gewisse Bandbreiten, hat ... Ich habe manchmal Schwierigkeiten, die Worte in eurer Sprache zu finden, um auszudrücken, was ich gerne sagen würde. Versteht ihr? Ich hoffe, ihr habt Geduld mit mir, wenn ich versuche, mich in einer Sprache auszudrücken, die recht seltsam für mich ist. Doch, ich werde mein Bestes geben ... Aber: eine gewisse Bandbreite an spiritueller Entwicklung. In anderen Worten, wie ihr auf eurem Planeten begreift, eine sehr große Bandbreite an Verständnis[sen] ... Wäre das ein besseres Wort? Würde es das besser erklären?

Fragesteller: Ja.

Eine größere Bandbreite von Verständnis; oder [von] denjenigen, die sehr wenig Erkenntnis in dieser bestimmten Umgebung haben, und dann reicht sie weiter hoch bis zu einer gewissen Ebene und dort hört sie auf. Also, das ist wahr, meine Freundinnen und Freunde, auf jedem Planeten, der Leben beinhaltet. Daher sind diese bestimmten Menschen auf diesen Planeten beschränkt und sind nicht in der Lage, über diese Hülle dieses Planeten hinauszugehen, sozusagen, ohne eine Art von Transportmittel oder etwas, das sie beschützen wird oder mit dem sie ihre Umwelten mitnehmen können. Und dies trifft auch für den spirituellen Körper so zu, wie für den physischen Körper. Darum werden die Menschen der Erde nicht in der Lage sein, in der jetzigen Art von Körper, in dem sie arbeiten, über die Hülle der Erde hinaus zu gehen. Um dies zu tun, werden sie ein Vehikel haben müssen, in dem sie die Atmosphäre erzeugen können, an die sie gewöhnt sind und die sie mit sich nehmen. Seht ihr, die Menschen, die zu eurem Planeten von anderen Planeten gekommen sind, mussten durch ein Stadium der Vorbereitung gehen, bevor sie fähig waren, auf eurem Planeten zu landen und hier komfortabel zu existieren. Auf diese Weise ist das, was ihr eure astralen Bereiche nennt, innerhalb eines begrenzten Bereichs im Weltraum enthalten. Sie können nicht über diesen Punkt hinausgehen, bis sie sowohl ihre physischen als auch ihre spirituellen Körper verfeinert haben ... oder vielleicht sollte ich sagen, den physischen ... oder den spirituellen Körper, denn wenn man einmal den spirituellen Körper verfeinert hat, kümmert er sich automatisch um den physischen, denn man würde keinen physischen Körper erschaffen, der ... nicht in der Lage wäre, einen spirituellen Körper zu beinhalten ... Versteht ihr? Versteht ihr, was ich euch zu sagen versuche? Ich weiß, dass es schwierig ist, dies so in eure Worte zu bekommen, dass sie verständlich sind.

Das, meine Freundinnen und Freunde, ist wahr auf jedem Planeten. Deswegen, seht ihr, wären die Wesen, die im Ätherischen um einen anderen Planeten herum sind, aus einem anderen Entwicklungsstadium. Ich mag die Begriffe höher und niedriger nicht, denn wir denken von uns selbst nicht als Wesen in einer höheren oder niedrigeren Form von Sein. Wir sind alle Brüder in diesem großen Ozean des Lebens und jeder strebt danach, einen höheren Punkt der Erkenntnis zu erreichen. Nach meinem Verständnis, zum jetzigen Zeitpunkt, gibt es eine lange, lange Reise. Denn obwohl ich eine große Menge weiß, kann ich [ein] Jenseits in den Bereichen von höherem Verständnis nicht verstehen und mir nicht vorstellen.

Leben ist eine kontinuierliche Kletterei an der Leiter von Erkenntnis. Aber um zurückzukommen zu unserem ursprünglichen Thema. Es gibt auch, verstehe ich, solche Planeten, die überhaupt kein physisches Leben auf sich beinhalten. Das heißt, es gibt dort insofern kein Leben, als dass es keine Lebewesen gibt, die auf der Oberfläche des Planeten leben, aber sie leben in den Grenzen um den Planeten. Und dann gibt es solche, die nicht einmal das benötigen, die in Raum leben.

Jede individuelle Ebene von Leben wird ihre eigene individuelle Art des Seins haben, und das ist strikt eine Angelegenheit der [jeweiligen] Umgebung. Wir adaptieren uns an die Umwelt, in der wir leben müssen. Es wurde gesagt, dass wenn eine gewisse Menge von radioaktiver Strahlung in die Atmosphäre des Planeten freigelassen würde, wäre Leben nicht in der Lage zu existieren. Und das, meine Freundinnen und Freunde, ist wahr für die Art von Leben, die jetzt hier existiert. Aber wenn diese Bedingung anhalten würde auf diesem Planeten, würdet ihr entdecken, dass sich eine Form von Leben entwickeln würde, die unter dieser Bedingung leben könnte. Natur wird für die Umwelt kreieren, mit der sie umgehen muss. Wenn ihr über euren eigenen Planeten schaut, ist das in eurem Tierleben, in eurem Leben im Meer und so weiter sehr offensichtlich. Leben wird sich an die Bedingung anpassen, die vor Ort existiert.

Habe ich euch irgendwie geholfen, meine Freundinnen und Freunde?

Fragesteller: Ja.

Ich habe versucht, dieses Bild zu bringen, damit ihr einige Fragen klären könnt, die in eurem Geist sind.

Nun, meine Freundinnen und Freunde, da eure Uhrzeit spät ist und das Instrument recht ermüdet ist heute Nacht, will ich euch nicht länger mit meinem Reden langweilen.

Fragesteller: Du langweilst uns nicht, Yuma.

Danke dir, meine Schwester, danke dir.

Ich möchte gern meine große Dankbarkeit an die Mitglieder dieses Haushalts dafür aussprechen, dass sie mich akzeptiert haben, und an den Rest von euch für eure freundliche Nachsicht. Es war mir ein Vergnügen, in eurer Gegenwart zu sein.

Fragesteller: Danke dir fürs Kommen.

Nun, meine Freundinnen und Freunde, ich würde gern zu jedem und jeder von euch meine Liebe und meine Segnungen und meinen Frieden ausdehnen. Mögt ihr alle in eurer Suche nach Wahrheit und Erkenntnis großen Erfolg und Freude haben.

Gute Nacht euch, meine Freundinnen und Freunde.

Mittwoch, 26. April 1961

Regelmäßiges Treffen

Ich bin Hatonn. Ich bin sehr froh, heute Abend zu euch zu sprechen. Von Beginn an, als ob es einen Anfang gäbe, haben wir festgestellt, dass unser erschaffenes Bewusstsein auf verschiedenen Ebenen eingeführt wurde, wobei einige Wenige mit ein wenig mehr [Bewusstsein] ausgestattet wurden als andere. Wir sind bei dieser Theorie angekommen, denn es wäre fast notwendig, diese Bedingung als solches zu haben. Indem es ein paar Erleuchtete gibt, kann die Schöpfung Anleitung für ihre Erleuchtung erhalten. Wer, mögt ihr dann fragen, wurde dazu bestimmt, die erleuchteten Wenigen zu sein[?] Das kann ich natürlich nicht mit voller Sicherheit sagen; wir nehmen [es] nur an, aber in dem Vorgang, sagen wir, der Schöpfung, wäre jede Person oder sollen wir sagen, [jedes] erschaffene Bewusstsein dazu qualifiziert, sich zu dem Punkt zu entwickeln, an dem es [dafür] erwählt würde. Ich versuche so verständlich wie möglich zu sein. Ein erschaffenes Bewusstsein ist exakt das gleiche wie ein anderes, oder der ganze Rest. Jedes erschaffene Bewusstsein ist jedoch, sagen wir, eingestimmt in die Schöpfung. Einige Wenige waren feinfühliger als Andere, oder der Rest. Deswegen waren sie fähig, diese Wahrheit in sich aufzunehmen und dabei die Wahrheit den Anderen zu geben. Wenn ich sage, einige Wenige, meine Freundinnen und Freunde, müsst ihr verstehen, dass wir alle multiskopisch denken. Bitte erinnert euch daran. Einige Wenige unter dem Begriff multiskopisch wären möglicherweise Milliarden, nicht vier oder fünf. Ich glaube, ihr versteht das. Ich bin mir darüber bewusst, dass im Geist von allen von euch diese bestimmte Frage zu verschiedenen Zeiten präsent war. Ich nehme an, dass unsere Theorie euch bei dieser Frage helfen kann.

Ich bin Liebe. Ich reflektiere Liebe. Ich und mein Vater sind Liebe, und ich und ihr, [wir] sind Liebe. Ich bin mir auch darüber bewusst, dass unsere Darstellung von Liebe einem, von eurem Verständnis, sehr verschiedenen Ansatz folgt. Wie es gesagt wurde, ist euer Gott Liebe, und jeder oder jede hat seine oder ihre Interpretation von seinem oder ihrem Gott. Ich glaube, dass euren Menschen zu erzählen, dass Gott Liebe ist, eine recht leere Erklärung war. Wenn ihr an euren Gott denkt, stellt ihr Ihn euch als ein Wesen wie ihr vor. Und manchmal sagt ihr euch, nein, Gott ist Liebe, und doch seid ihr zur gleichen Zeit nicht glücklich, sagen wir, mit dieser Erklärung. Ich werde nicht versuchen, euch eine Erklärung von unserem Schöpfer zu geben. Es, ich beziehe mich auf den Schöpfer als Es; wenn ihr von eurem Schöpfer sprecht, müsst ihr euch daran erinnern, dass Es unser Schöpfer ist. Ihr seid der Schöpfer. Ich bin der Schöpfer. Wir sind ein Wassertropfen und, als ein Wassertropfen, sind wir Teil eines großen Wasserkörpers. Wir als Tröpfchen aus Wasser bilden diesen riesigen Körper aus Wasser, deshalb bilden wir als Bewusstsein den Schöpfer. Da unsere Schöpfung mit Liebe erschaffen wurde, beziehen wir uns auf den Schöpfer als Liebe. Warum wählen wir das Wort? Unser Wort ist, natürlich, nicht Liebe, aber es hat die gleiche Schlussfolgerung wie euer [Wort] Liebe. Wenn ihr an Liebe denkt, seid ihr euch über Liebenswürdigkeit, Schönheit, Gelassenheit und Glück bewusst. Denn wenn ihr in Liebe seid, dann seid ihr im Allgemeinen glücklich. Diese Schöpfung wurde als Glück, Schönheit, Gelassenheit und so weiter erschaffen. Wir sind ein Teil eines perfekten, harmonischen Bewusstseins.

Was braucht es, um bewusst zu werden? Ein Verständnis von euch selbst. Was seid ihr? Ihr seid Teil einer wunderbaren, harmonischen Existenz. Immer als euer Schöpfer.

Ich werde euch nun verlassen, meine Freundinnen und Freunde. Ich bin Hatonn.

Mittwoch, 21. Mai 1961

Regelmäßiges Treffen

Grüße im Licht, meine Freundinnen und Freunde. Ich bin Oxal. Einmal mehr, meine Freundinnen und Freunde, habe ich die besondere Ehre, mit euch zu sprechen.

Wie wir hier im Weltraum sitzen, außerhalb eures solaren Wirbels, und kontinuierlich Beobachtungen und Berechnungen durchführen, finden wir, dass die Negativität, die sich über viele Generationen eurer Bevölkerungen hinweg in der Aura eures Planeten angesammelt hat, anfängt ihre Reaktionen auf eure Leute und ihre Angelegenheiten zu haben. Wir finden eine große Spannung vor, die unter euren Bevölkerungen wächst. Eine große Unruhe, aber wenn wir weiter schauen, finden wir, dass es hinter der Unruhe einen Wunsch gibt, der im Geist und Bewusstsein von euch Menschen wächst.

Wie wir euch zu Beginn unseres Kontaktes mit euch gesagt haben, werden die Menschen der Erde aufgeweckt für eine Wahl. Sie fangen an zu verstehen, dass es Wege gibt, die man gehen kann, und dass sie eine Wahl treffen müssen. Die Wahl im Geiste aller Menschen ist jedoch nicht so, wie wir sie gerne sehen würden. Es gibt jene, die den Pfad des Dienstes nicht nutzen, den Weg von Licht, Liebe und Erkenntnis. Aber zahlreich sind auch jene, die zu der Verwirklichung kommen, dass es verrückt wäre, einem anderen Weg zu folgen als dem Weg des Dienstes an der Menschheit. Und im Geiste dieser wird auch die Verwirklichung gehoben, dass sie befreit werden müssen von den Fesseln, die sie so viele Generationen lang blockiert haben.

Und so seht ihr eine große Bewegung, die beginnt unter euch Menschen stattzufinden. Eine Bewegung, um sich selbst von dem Zwang zu befreien, dessen sie sich als Opfer empfinden. Aber die Verwirklichung des wahren Wunsches, der sich in ihren Herzen versteckt hält, ist noch nicht in das Bewusstsein der meisten von ihnen gekommen. Eine Verwirklichung, die tief im Inneren brennt, die noch nicht als das anerkannt wurde, was sie ist. Und das ist, meine Freundinnen und Freunde, ein

Wunsch, der innerhalb der Herzen der gesamten Menschheit brennt: wirklich zu wissen, wer und was sie ist, um in eine wahre Verwirklichung des inneren Menschen zu kommen; dessen, was er ist und woraus er besteht und was seine Wünsche und Fähigkeiten sind. Der Mensch der Erde ist noch nicht zu der Verwirklichung gekommen, dass er selbst ein großartiges spirituelles Wesen ist, das mit großen Kräften ausgestattet ist, um zu erschaffen, dass er die volle Kraft seines Schöpfers in sich trägt. Wenn der Mensch nur zu einer geringfügigen Verwirklichung davon kommt, ist er auf seinem Weg zu neuen Höhen in Erkenntnis, zu neuen Höhen von Erfahrung, zu Erfahrungen, die jenseits seiner schönsten Träume sind.

Die Suche nach Wahrheit, meine Freundinnen und Freunde, ist eine lange Suche; aber [sie] bringt den Menschen – während er die Korridore von Zeit mit einer Verwirklichung beschreitet, dass er in sich verriegelt alles Wissen hat und dies in jedem Moment, jeder Erfahrung verwirklicht hat – immer näher zu einigen der großartigen Verwirklichungen, die er zu erfahren bestimmt ist. Wir, die wir in gewisser Hinsicht mehr als der Mensch der Erde erlebt haben, haben vielleicht eine größere Wertschätzung dessen, was noch kommt. Doch unser Verständnis dieser großen Kraft, die jenseits liegt, ist nur gering. Auch wir suchen nach höheren und größeren Wahrheiten. Wir verstehen, wie auch wir suchen und wachsen müssen. Wie verstehen auch, dass diejenigen, die in Erkenntnis über uns hinaus geschritten sind, zurückreichen, um uns eine helfende Hand zu geben. Und deswegen müssen wir auch hinunterreichen und eine helfende Hand zu unseren Brüdern geben, die noch nicht unsere Ebene von Verständnis erreicht haben.

Der Mensch muss durch seine eigenen Anstrengungen wachsen. Je mehr Bemühung er aufbringt, desto mehr kann ihm geholfen werden. Deshalb, seht ihr, geliebte Freundinnen und Freunde, ist es für jeden Menschen wichtig, die Bedeutung seiner eigenen Bemühungen in seinem spirituellen Wachstum zu verstehen. Der Mensch der Erde hat den Punkt erreicht, an dem er spirituell wachsen muss. Viele Zivilisationen sind gekommen und gegangen auf eurem Planeten. Das Scheitern jeder Zivilisation war ihr Mangel an Ausgeglichenheit. Der Mensch hat mit seinem spirituellen Wachstum und Verständnis nicht schrittgehalten. Der Mensch scheint dazu geneigt zu sein, große Anstrengungen in wissenschaftliches Vorankommen zu stecken und sein spirituelles Wachstum zu vernachlässigen. So wird das Gleichgewicht immer unausgeglichener. Und schnell hat der Mensch wissenschaftliche Kenntnis erreicht, aber es mangelt ihm am spirituellen Verständnis, um mit den Kräften umzugehen, in deren Besitz er sich vorfindet. So bringt er Zerstörung über sich selbst. Der Mensch der Erde steht wieder an diesem Punkt. Wir hoffen, dass wir eine Verwirklichung dieser Dinge in das Herz des Menschen bringen können, sodass er seine eigene Erlösung erreichen mag.

Wir wollen nicht eingreifen in die Angelegenheiten des Menschen der Erde und wir hoffen aufrichtig, dass es nicht nötig sein wird, aber zum Wohle eures Systems, eures Sonnensystems, ist es möglich, dass dies getan werden müsste. Aber wir werden Alles in unserer Macht tun, um den Menschen in die Verwirklichung dessen zu bringen, was er tun muss, um seine eigene Erlösung zu erreichen. Und glaubt mir, wenn ich sagen, dass viele Köpfe, die an hohen Stellen in eurer Zivilisation stehen, nicht leicht zu beeinflussen sind. Die Gier nach Macht hat ihre Herzen so besetzt, dass sie nicht einfach zu erreichen sind, und der Mensch der Erde wird es notwendig finden, durch einige sehr unangenehme Erfahrungen zu gehen, um diese Realisierungen in sein Herz zu bringen. Aber diese Dinge sind nur die Resultate der eigenen Handlungen des Menschen. Sie sind nur die Arbeitsweisen des Gesetzes. Denn universelles Recht ist so konstruiert, dass es seine eigenen Reaktionen herbeiführt, und niemand entkommt dem Gesetz.

Meine Freundinnen und Freunde, ich verlasse euch, indem ich die Liebe, das Licht und das Verständnis meiner Bevölkerung an euch weiterreiche.

Ich bin Oxal.

Freitag, 23. Juni 1961

Grüße! Ich grüße euch, geliebte Freundinnen und Freunde, in der Liebe und im Licht des Unendlichen Schöpfers. Ich bin Hatonn.

Mit eurer Erlaubnis soll ich heute Nacht gerne für einige Momente über die Wichtigkeit, und einige Techniken, von Meditation sprechen, und über einige der Vorbereitungen.

Meine Freundinnen und Freunde, es gibt nichts Wichtigeres im Leben des Menschen, sowohl im physikalischen, chemischen Leben, in dem ihr jetzt lebt, als auch auf jeder anderen Ebene von Existenz, als Meditation. Meditation ist die Zeit des Menschen, um sich von den normalen Funktionen jeglicher Lebensebene zurückzuziehen, in der er sich zu diesem Zeitpunkt befinden mag, und um sich selbst auf den Kosmos einzustimmen; um die Energien zu nutzen, um Weisheit und Verständnis zu gewinnen, um sie, sozusagen, in sich aufzunehmen, sodass er herauskommen möge und hingehen und in Dienst an seine Mitmenschen geben.

An erster Stelle ist es notwendig, das eigene Selbst zu disziplinieren, zu einem gewissen Grad, und jeden Tag eine gewisse Zeit für diese Praxis zu reservieren, denn ihr werdet niemals sachkundig in der Kunst von Meditation werden, wenn ihr nicht regelmäßig übt. Es reicht nicht aus, diese Kunst einmal pro Woche oder einmal pro Monat auszuüben, oder selbst alle paar Tage, sondern dies sollte ein tägliches Ritual werden. Denn wenn ihr dies nicht tut, wird euer Fortschritt im Meistern dieser Kunst langsam sein.

Wenn ihr [dann] einmal erfahren geworden seid in dieser Kunst, könnt ihr viel weniger Zeit [darauf] verwenden, denn ihr erreicht den Kontakt mit dem Unendlichen Geist viel schneller. Wenn ein Mensch damit beginnt, die Kunst von Meditation zu praktizieren, sollte er auch versuchen, oder vielleicht sollte ich sagen, dass er sofort versuchen sollte, sein eigenes Leben in Ordnung zu bringen. Denn, wenn ihr euer eigenes Haus nicht in Ordnung bringt, dann werdet ihr auf große Schwierigkeit beim Meistern dieser Kunst stoßen. Denn ihr werdet entdecken, dass, um sich von dem zurückzuziehen, was an vorderster Stelle in eurem Intellekt, eurem Geist ist, es nötig ist, dort höhere Gedanken zu haben – weil es viel leichter ist, von Gedanken der Liebe, von Frieden und Freude in die Stille abzugleiten, als Gedanken von Sorgen und Angst loszulassen.

Wenn ein Mensch sein Haus in Ordnung bringt, entdeckt er in der Folge, dass er sich schneller beruhigen kann und in die Stille abschweifen, und eintauchen in das Licht der Schöpfung und mit dem Einen Großen Geist verschmelzen. In den frühen Stadien des In-die-Stille-Gehens werdet ihr es als hilfreich empfinden, wenn ihr euch auf etwas konzentriert. Viele Techniken werden verwendet – eure Yogis konzentrieren sich auf das, was sie „das dritte Auge" nennen, andere konzentrieren sich auf ein Licht einer [bestimmten] Art oder Farbe. Das ist nicht von großer Wichtigkeit, sondern nur eine Hilfe, um euch dabei zu unterstützen, euch selbst freizulassen und euch wegzuziehen vom rennenden, bewussten Geist. Aber versucht auf der anderen Seite nicht, die Gedanken eures bewussten Geistes zu zwingen aufzuhören, denn wenn ihr das tut, baut ihr nur eine Spannung auf.

Entspannung, und alle bewussten Dinge gehen zu lassen – oder vielleicht wäre „alle intellektuellen Dinge" ein besserer Begriff – wenn diese Dinge freigelassen werden, entdeckt ihr, wie euer inneres Bewusstsein eine Bewusstheit annimmt; eine Bewusstheit von vielen Dingen. Eine Bewusstheit eures physischen Körpers, wie ihr euch bisher nie über ihn bewusst wart. Ihr werdet euch in gewissen Stufen jeder Zelle eures physischen Körpers gewahr, und jede Zelle scheint ein eigenes Bewusstsein anzunehmen. In anderen Worten, werdet ihr euch bewusst von Kopf bis Fuß, doch es ist keine Bewusstheit wie ihr sie durch den intellektuellen Geist kennt.

Während ihr euch vorwärts bewegt in dieser Praxis, werdet ihr euch immer mehr über die "Inneren Dinge" bewusst; ihr entdeckt, dass ihr euch des „Universalen Geistes" bewusstwerdet. Ihr stimmt euch ein, mit eurer Intelligenz, und Weisheit und Wissen beginnt, in immer größeren Mengen zu euch fließen.

Es ist möglich, meine Freundinnen und Freunde, dass ihr euch auf alles, oder jedes Wesen, einstimmt. Es gibt jene, die durch lange Phasen der Hingabe in der Lage sind, sich selbst einzustimmen, um mit Pflanzenleben zu kommunizieren, mit Tierleben oder allem Möglichen, das ihr nennen könntet, denn Bewusstsein – geliebte Freundinnen und Freunde – ist überall, und ihr stimmt euch auf Bewusstsein ein.

Wenn ihr meditiert, haltet die Wirbelsäule gerade und aufrecht, denn die Energien, die zu euch durchfließen, werden [dann] freier fließen. Die Wirbelsäule ist in der körperlichen Struktur das Zentrum eures Wesens und all die kosmischen Energien, die zu euch kommen, müssen durch diese Zentren fließen. Indem ihr sie gerade und aufrecht haltet, erlaubt ihr freien Fluss von Energie zu eurem Wesen, und die Ergebnisse werden besser sein. Viele haben die Schwierigkeit, in Meditation schlafen zu wollen. Vielleicht nicht schlafen zu wollen, aber sie entdecken, dass das Körperliche nachgibt, oder vielmehr das Mentale dem Körperlichen nachgibt, und ihr findet euch dabei wieder, wie ihr in den Schlummer übergeht. Aber dies kann vermieden werden, indem die Konzentrationsmethode angewendet wird, und indem ihr euch in einer guten Haltung für Meditation haltet. Denn nur durch gute Haltung können euch die kosmischen Energien in richtigen Verhältnissen erreichen.

Meine Freundinnen und Freunde, ich muss euch nun verlassen. Mögt ihr alle, durch eure Bemühungen in der Suche nach Wahrheit, große Höhen in eurem Klettern nach Verständnis erreichen. Und mögt ihr alle bald die Kunst der Meditation meistern, sodass ihr schnell den Punkt erreichen könnt, an dem ihr euch selbst, wann immer ihr wollt, mit dem „Unendlichen Geist" einstimmen könnt.

Adonai, meine Freundinnen, Adonai. Vasu Borragus.

Ich bin Hatonn.

Hatonns Meditationen

An dieser Stelle greifen wir die Meditationen, zu denen Hatonn in diesen Botschaften eingeladen hat, speziell heraus. Wer mag, kann sich mit diesen einfachen Wort-Meditationen eventuell ganz leicht in die richtige Schwingung versetzen, um wieder Kontakt mit der, wie Hatonn sagt, wahren Realität aufzunehmen.

Diese Meditationen stehen auch als Videos zur Verfügung (siehe *weiterführende Informationen S. 136*).

Hatonns Meditationen sind hier in der zeitlichen Reihenfolge zusammengestellt, wie sie empfangen wurden. Die Meditation aus der Botschaft, die Don Elkins in seiner Einleitung zitierte, steht deshalb am Ende dieser kleinen Serie:

Meditation I aus der Botschaft vom 2. Oktober 1958

Meditation II aus der Botschaft vom 9. Oktober 1958

Meditation III aus der Botschaft vom 16. Oktober 1958

Meditation IV aus der Botschaft vom 1. Oktober 1959

Meditation V aus der Einleitung (Datum unbekannt)

Meditationen mit Hatonn I

Falls ihr euch entspannen wollt und an Liebe denken

Liebe

Ich bin Liebe

Ich bin Liebe

Entspannt euch

Entspannt euch

Liebe ist alles, was es gibt

Ich bin Liebe

Ich bin Liebe

Ich kann Liebe durch alles fühlen

Es ist sehr schön

Ich bin Liebe

Liebe fließt durch meinen Körper

Ich bin Liebe

Ich bin Liebe

In der ganzen Schöpfung gibt es nichts als Liebe

Ich bin Liebe

Ich bin Liebe

Mit der Zeit wird ein wenig Liebe in jedem lebendigen Ding sein und wenn die Zeit vorangeht wird sie wachsen und wachsen

Liebe wird sich selbst in jedem lebendigen Ding ausdrücken

Meditationen mit Hatonn II

Falls ihr wollt, entspannt euch

Ich bin Liebe

Ich bin Liebe

Ich bin Licht

Ich bin eins mit der Schöpfung

Ich bin die Schöpfung

Der Vater ist in mir

Ich bin im Vater

Ich bin eins mit allem in der Schöpfung

Ich bin Liebe

Durch mich bin ich der Weg

Es gibt nur einen Schöpfer

Einen Geist

Einen Gedanken

Ihr seid diese eine Liebe

Liebe

Liebe

Meditationen mit Hatonn III

„Jetzt, meine Freundinnen und Freunde, würde ich gerne unsere kleine Meditationsphase halten, falls es euch recht ist. Ich würde heute Abend gern vorschlagen, dass ihr jeden Muskel und Nerv in eurem Körper vollständig entspannt. Versucht nicht, an irgendetwas zu denken. Ich werde versuchen, euch Eindrücke zu schicken."

Liebe

Liebe

Liebe

Entspannt euch

Entspannt euch

Liebe

Ich bin Liebe

Ich bin Liebe

In jeglichem Abbild meines Vaters

Liebe

Ich bin Liebe

Entspannt euch

Liebe

Ich bin Liebe

Meditationen mit Hatonn IV

„Bitte, alle von euch, entspannt euch einfach und denkt an nichts als Liebe, an Vollkommenheit, an Frieden und Harmonie. Lasst euren Geist abschweifen. Entspannt euch."

Ich bin

Ich bin die wahre Schöpfung

Ich bin Liebe

Liebe des Vaters

Ich bin das Licht

Ich bin vollkommen,

wie der Vater mich erschaffen hat

Ich bin Liebe

Liebe

Licht und Liebe

Das ist alles, was es gibt

Meditationen mit Hatonn V

Lasst uns unsere Meditation für einige Momente länger fortsetzen, meine Freundinnen und Freunde

Entspannt euch

Wisst, dass ihr im Licht unseres unendlichen Schöpfers seid, des Vaters von uns allen

Entspannt euch, meine Freundinnen und Freunde

Wisst, dass ihr die wahre Schöpfung seid, erschaffen in Liebe, Frieden und Harmonie von einem perfekten Schöpfer

Ich bin Liebe, ich bin Friede, ich bin Harmonie

Ich bin ein perfekter Teil der perfekten Schöpfung, geschaffen in Liebe

Wisst dies, meine Freundinnen und Freunde; wisst, dass dies wahr ist:

Ihr seid die wahre Schöpfung

Für weitere Lektüre und Studium

Empfehlungen von D. T. Elkins

Empfohlene Autoren und andere Quellen	Thema
Aimé Michel	fliegende Untertassen
Professor Donald H. Menzel (Harvard University)	fliegende Untertassen
Major Donald E. Keyhoe (U.S.M.C. Ret.)	fliegende Untertassen
M. K. Jessup	fliegende Untertassen
Professor J. B. Rhine (Duke University)	außersinnliche Wahrnehmung
George-Hunt Williamson	fliegende Untertassen und Ethnologie
The Association for Research and Enlightenment (Virginia Beach, Va.)	Paranormale Phänomene
Lt. Col. E. J. Ruppelt (U.S.A.F.)	fliegende Untertassen
Harold T. Wilkins	fliegende Untertassen
The American Society for Psychical Research (880 5th Ave., N. Y., N. Y.)	Paranormale Phänomene
The Society for Psychical Research (British) (Travistock Square, London)	Paranormale Phänomene

Über Don Elkins

Don Elkins wurde 1930 in Louisville (Kentucky) geboren. Er hatte ein Bachelor- und Master of Science-Studium in Maschinenbau an der Universität Louisville abgeschlossen, sowie einen Master of Science-Abschluss in Ingenieurswissenschaften an Speed Scientific School. Er war der Gründer und Leiter der ingenieurswissenschaftlichen Fakultät der University of Alaska 1960-61, und war 12 Jahre lang von 1953-1965 Professor für Physik und Ingenieurswesen an der Universität von Louisville. 1965 verließ er seine Position als Lehrstuhlinhaber und wurde ein Boeing 727-Pilot für eine große Fluggesellschaft, damit er sich umfassender der UFO- und paranormalen Forschung widmen konnte. Er wurde schließlich Flugkapitän und flog bis zu seinem Tod 1984. Er diente auch mit Auszeichnung in der US Army als Stabsfeldwebel während des Korea-Kriegs.

Bevor die Organisation so benannt wurde, begann Don die Arbeit von L/L Research 1955 solo. Im Rahmen der Bereiche, auf die er seine Schwerpunkte setzte, verwendete er Altersregressions-Hypnose, um Reinkarnation zu erforschen, sprach mit und besuchte UFO-Kontaktierte überall in den Vereinigten Staaten, oft indem er mit seinem eigenen kleinen Flugzeug hin flog, untersuchte die vielen Bereiche paranormaler Studien und korrespondierte mit und besuchte eine große Vielfalt an Wissenschaftlern, Forschern, Zeitzeugen, sogenannten UFO-Entführten und vielen Anderen, die sich kaum kategorisieren lassen, die ganze Zeit seines sehr aktiven Werdegangs als Forscher hindurch. Don, gemeinsam mit seiner Partnerin, Carla, veröffentlichten einen Teil dieser UFO-Forschung 1976 in dem Buch Secrets Of The UFO.

Basierend auf den vorliegenden ersten Channeling-Aufnahmen führte Don dieses Experiment weiter fort und verwendete dabei die Vorgehensweise, die er von einer Kontaktiertengruppe aus Detroit in Michigan gelernt hatte. Dieses Experiment erblühte zu dem, was die prinzipielle Bemühung von L/L Research geworden ist: Informationen für die spirituelle Weiterentwicklung der ganzen Menschheit zusammenzutragen und weiterzugeben. Sein Experiment, wie es war, dauert in einer ununterbrochenen Linie bis heute durch unsere wöchentlichen Meditationen an, in denen wir mit stiller Meditation und Channeling arbeiten.

Das Gesetz des Einen stellt die krönende Leistung von Dons Leben und Werk dar, an der Seite seiner zwei Partner Carla L. Rückert und Jim McCarty.

Weiterführende Informationen

Internet-Links

L/L Research: www.llresearch.org

Das Gesetz des Einen-Verlag: www.dasgesetzdeseinen.de

Deutschsprachige Veröffentlichungen (unter anderen):

Der Ra-Kontakt: Das Gesetz des Einen lehren

Das Gesetz des Einen leben, Das 1x1: Die Wahl

Essenz I

25 Prinzipien der Realität

Meditation

Lehrmeister Jesus

Dienst der Liebe

Bündnisbotschaften Sammelband

Ernte auf Planet Erde, Bündnisbotschaften 2015/2016

Wer will erleuchtet werden, Bündnisbotschaften 2016/2017

Das Bündnis der Planeten: Die ersten Botschaften, Band 1: 1972 bis Januar 1974

Veröffentlichungen in anderen Sprachen (u.a.):

Französisch (mit Micheline Deschreider)

Le contact Ra, La Loi Une enseignée

Comment vivre la Loi Une, Niveau I: Le Choix

Vade mecum du pèlerin errant

25 principes de réalité

Méditation

Jésus, le Maitre Enseignant (Nicolas Turban)

Le Service d'Amour (N. Turban)

OVNI – Les messages

Un ministère donquichottesque: Interview de Carla L. Rueckert et Jim McCarty

Schwedisch (mit Klas Häger)

Kosmiska principer – 25 principer om verkligheten

Niederländisch (mit Coen Weesjes)

25 Principer van de realiteit

Englisch

25 Principles of Reality

Meditation

Blogs (u.a.)

Die Brücke: http://diebruecke.dasgesetzdeseinen.de

Joth: http://joth.dasgesetzdeseinen.de

Quo: http://quo.dasgesetzdeseinen.de

Hatonn: http://hatonn.dasgesetzdeseinen.de

Der Ra-Kontakt: http://dasgesetzdeseinen.de

Videos

www.youtube.de/dasgesetzdeseinen

www.ingramcontent.com/pod-product-compliance
Lightning Source LLC
Chambersburg PA
CBHW060309050426
42448CB00009B/1772